RICETTE E CONSIGLI UTILI SUI MIGLIORI CIBI DA REALIZZARE PER LE OCCASIONI SPECIALI !

Pratical Cookbook For All Occasions !

A Beginner's Guide To Cooking At Home - Easy Food Recipes

(Italian Language Edition)

All Rights Reserved

1 Sommario

1 SOMMARIO ....

2 MANUALE D'USO DEL ROBOTTINO BYMBI ....

2.1 CONSIGLI UTILI PER IL FUNZIONAMENTO A FREDDO ....
2.1.1.1 Bilancia ....
2.1.1.2 Velocità ....
2.1.1.3 Consigli d'uso ....
2.1.1.4 Contenuto di 1 misurino ....
2.1.2 BIMBY TRITA ....
2.1.3 PREZZEMOLO - BASILICO AROMI VARI ....
2.1.4 CAROTE CIPOLLE SEDANO ....
2.1.5 VERDURE MISTE ....
2.1.6 PER COMINCIARE ....
2.1.6.1 Trito per gratin ....
2.1.6.2 Carne cruda/cotta ....
2.1.6.3 Prosciutto - Mortadella - Salumi vari ....
2.1.6.4 Ghiaccio ....
2.1.6.5 Grattugia, macina e polverizza ....
2.1.6.6 Pane secco e rafferno ....
2.1.6.7 Parmigiano ....
2.1.6.8 Caffè ....
2.1.6.9 Mandorle - Noci - Frutta secca ....
2.1.6.10 Cioccolato ....
2.1.6.11 Zucchero ....
2.1.6.12 Riso ....
2.1.6.13 Legumi e cereali ....
2.1.7 BIMBY FRULLA OMOGENEIZZA ....
2.1.7.1 Bibite integrali ....
2.1.7.2 Bibite filtrate ....
2.1.7.3 Frullati ....
2.1.8 BIMBY EMULSIONA ....
2.1.8.1 Frappé ....
2.1.8.2 Maionese ....
2.1.8.3 Crèpes ....
2.1.9 BIMBY MONTA ....
2.1.9.1 Albumi a neve ....
2.1.9.2 Panna montata ....
2.1.9.3 Burro ....
2.1.10 BIMBY MANTECA ....
2.1.10.1 Sorbetto di limone ....
2.1.10.2 Sorbettone di frutta mista ....
2.1.10.3 Gelato di fragole ....
2.1.11 IMPASTI BASE PER PANE PIZZA FOCACCE ....
2.1.11.1 Pasta per pane o pizza ....
2.1.11.2 Pasta per pizza gigante ....
2.1.12 IMPASTI BASE PER TAGLLATELLE RAVIOLI ....
2.1.12.1 Pasta all'uovo ....

2.1.12.2 Pastina per brodo..
2.1.13 IMPASTI PER TORTE ....
2.1.13.1 Impasti base per crostate - quiche - vol-au-vent..
2.1.13.2 Pasta brisé..
2.1.13.3 Pasta Frolla..
2.1.13.4 Pasta sfoglia...
2.1.13.5 Pan di spagna ....
2.1.14 BIMBY CUOCE ....
2.1.14.1 Nel Boccale ....
2.1.14.2 Nel Boccale Con Farfalla ....
2.1.14.3 Nel Boccale Con Cestello ....
2.1.14.4 Nel Varoma..
2.2 CONSIGLI UTILI PER IL FUNZIONAMENTO A CALDO..
2.2.1 TEMPERATURE ....
2.2.2 VELOCITÀ ....

MENÙ PER OGNI OCCASIONE

- **2.3 PRIMI MENÙ**
  - 2.3.1 IN FAMIGLIA
    - 2.3.1.1 Insalata Spiritosa
    - 2.3.1.2 Ravioli Di Magro Al Limone
    - 2.3.1.3 Risotto Al Peperone
    - 2.3.1.4 Involtini A Modo Mio
    - 2.3.1.5 Composta Di Mele
    - 2.3.1.6 Gelato Alla Banana
  - 2.3.2 CON I PARENTI
    - 2.3.2.1 Mandarino Drink
    - 2.3.2.2 Cozze E Sgombri In Bellavista
    - 2.3.2.3 Risotto Al Profumo Di Mare
    - 2.3.2.4 Zuppa Gioconda
    - 2.3.2.5 Petto Di Pollo In Salsa
    - 2.3.2.6 Palline Al Cocco
    - 2.3.2.7 Praline Al Cioccolato.
    - 2.3.2.8 Pere Alla Vodka
  - 2.3.3 CON GLI AMICI
    - 2.3.3.1 Mousse Al Prosciutto Con Affettati Misti
    - 2.3.3.2 Ditaloni Alle Melanzane
    - 2.3.3.3 Salsa Mornay
    - 2.3.3.4 Polpettine Al Vino Bianco Con Finocchi
    - 2.3.3.5 Torta All'ananas
    - 2.3.3.6 Coppa Moka
  - 2.3.4 GUARDANDO LA TV
    - 2.3.4.1 Bibita Alla Frutta
    - 2.3.4.2 Pane, Amore E Fantasia
    - 2.3.4.3 Quiche Di Carciofi
    - 2.3.4.4 Palline Del Danubio
    - 2.3.4.5 Baba' Rustico
    - 2.3.4.6 Mousse Delicata Di Fragole
    - 2.3.4.7 Crostata Di Amaretti
- **12.2 MENÙ RAPIDI**
  - 12.2.1 TORNANDO DAL LAVORO
    - 12.2.1.1 Orange Cooler
    - 12.2.1.2 Risottino Con Petit Pois
    - 12.2.1.3 Filetti Di Trota Salmonata In Salsa Sublime
    - 12.2.1.4 Zuppa Dolce All'arancia
  - 12.2.2 NON TUTTI ALLA STESSA ORA
    - 12.2.2.1 Zucchine Marinate
    - 12.2.2.2 Maccheroni Gratinati
    - 12.2.2.3 Pangrattato Aromatizzato
    - 12.2.2.4 Salsa Tonnata
    - 12.2.2.5 Involtini E Verdure A Vapore
    - 12.2.2.6 Torta Ricca Di Ricotta
  - 12.2.3 IL MARITO IN CUCINA
    - 12.2.3.1 Quadratini Al Pesto Di Rucola
    - 12.2.3.2 Fusilli Alla Rucola E Uova Al Varoma
    - 12.2.3.3 Fusilli Al Pistacchio
    - 12.2.3.4 Spezzatino Di Patate E Uova
    - 12.2.3.5 Dolcetti Verdi Di Mio Marito
    - 12.2.3.6 Sorbetto Affogato
  - 12.2.4 OSPITI IMPROVVISI
    - 12.2.4.1 Friend's Club

- 12.2.4.2 Pate' Gustoso
- 12.2.4.3 Tagliatelle Alla Boscaiola
- 12.2.4.4 Tortino Di Uova E Zucchine
- 12.2.4.5 Dessert Alle Fragole

12.3 Menù Rustici
12.3.1 Seduti In Un Prato
- 12.3.1.1 Pere Al Prosecco
- 12.3.1.2 Tramezzini
- 12.3.1.3 Miniquiche Di Verdure
- 12.3.1.4 Pennette Primavera
- 12.3.1.5 Rotolo Di Tacchino
- 12.3.1.6 Pinzimonio In Cesto Di Pane
- 12.3.1.7 Torta Rustica

12.3.2 Davanti Al Camino
- 12.3.2.1 Aperitivo Eva
- 12.3.2.2 Tagliatelle Autunnali
- 12.3.2.3 Spezzatino Brasato
- 12.3.2.4 Peperoni In Agrodolce
- 12.3.2.5 Salsa Peperina
- 12.3.2.6 Pane Dell'amicizia
- 12.3.2.7 Torta Della Nonna
- 12.3.2.8 Macedonia D'inverno

12.4 Menù Per Una Sera D'estate
12.4.1 In Campagna
- 12.4.1.1 Mangia E Bevi Al Prosecco
- 12.4.1.2 Stuzzichini Campestri
- 12.4.1.3 Quiche Di Scarola
- 12.4.1.4 Orecchiette Alla Rucola
- 12.4.1.5 Nuvole Del Mediterraneo
- 12.4.1.6 Cupole Del Buongustaio
- 12.4.1.7 Involtini Aromatici
- 12.4.1.8 Crostata D'estate
- 12.4.1.9 Bavarese Alle More
- 12.4.1.10 Marmellata Di More

12.4.2 Al Mare
- 12.4.2.1 Sedano Fizz
- 12.4.2.2 Seppie Al Profumo Di Mare
- 12.4.2.3 Salsa Di Gamberetti
- 12.4.2.4 Salsa Pazza
- 12.4.2.5 Salsa Di Tonno
- 12.4.2.6 Salsa Piccante Ai Peperoni Rossi
- 12.4.2.7 Linguine Alla Polpa Di Granchio
- 12.4.2.8 Seppioline Ripiene
- 12.4.2.9 Sorbetto Ai Tre Frutti

12.4.3 In Montagna
- 12.4.3.1 Aperitivo Al Lampone
- 12.4.3.2 Crostini Ai Fegatini Di Pollo
- 12.4.3.3 Penne Allo Speck E Noci
- 12.4.3.4 Carre' Di Maiale Al Bimby
- 12.4.3.5 Pure' Di Patate
- 12.4.3.6 Crauti E Salsicce
- 12.4.3.7 Polenta
- 12.4.3.8 Strudel Di Mele

12.5 MENÙ PER LE FESTE
12.5.1 PRANZO DI NATALE
12.5.1.1 Christmas Dry
12.5.1.2 Bocconcini Di Formaggio
12.5.1.3 Sedani Ripieni
12.5.1.4 Fiori Di Belga Con Mousse Al Prosciutto
12.5.1.5 Palline Di Ricotta In Brodo
12.5.1.6 Risotto Con Radicchio Di Treviso
12.5.1.7 Crepes Di Natale
12.5.1.8 Fesa Di Tacchino Al Forno
12.5.1.9 Aspic Di Verdura
12.5.1.10 Zabaione Allo Spumante
12.5.2 SAN SILVESTRO
12.5.2.1 Cocktail Di San Silvestro
12.5.2.2 Roselline Rustiche
12.5.2.3 Mousse Al Salmone
12.5.2.4 Tortino Di Crepes Alla Fonduta
12.5.2.5 Risotto Alla Provola E Spumante
12.5.2.6 Stinco Di Vitello Al Forno
12.5.2.7 Salsina Ai Peperoni
12.5.2.8 Lenticchie E Cotechino
12.5.2.9 Tronchetto Di Capodanno
12.5.3 CARNEVALE
12.5.3.1 Grapes
12.5.3.2 Mezzelune Alle Acciughe
12.5.3.3 Farfalle Colorate In Crosta
12.5.3.4 Sformato Di Tagliolini Al Latte
12.5.3.5 Carre' Di Maiale All'ananas
12.5.3.6 Polpettine Al Vapore
12.5.3.7 Insalata Tre Colori
12.5.3.8 Arlecchinata Di Castagnole
12.5.3.9 Arlecchinata Di Frittelle Di Frutta
12.5.3.10 Arlecchinata Di Chiacchiere
12.5.3.11 Coppe Di Macedonia In Crema
12.5.4 PASQUA
12.5.4.1 Lemon Pesca Dry
12.5.4.2 Cestini Variopinti
12.5.4.3 Barchette A Vela
12.5.4.4 Crepes In Salsa Rosa
12.5.4.5 Agnello Gustoso Con Verdure Al Varoma
12.5.4.6 Colomba Pasquale
12.5.4.7 Uova In Camicia
12.6 MENÙ PER UN GIORNO DA RICORDARE
12.6.1 PER IL COMPLEANNO DEI FIGLI
12.6.1.1 Ape Maia Drink
12.6.1.2 Pan Brioche
12.6.1.3 Pate' Di Pollo
12.6.1.4 Quiche Ai Formaggi
12.6.1.5 Rolle' Gratinato
12.6.1.6 Piccoli Messicani
12.6.1.7 Torta Croccante
12.6.2 PER IL NOSTRO COMPLEANNO
12.6.2.1 Roselline In Pasta Brise'
12.6.2.2 Raviole'
12.6.2.3 Pane Al Sesamo

12.6.2.4 Crema Di Carciofi ....
12.6.2.5 Cesto Di Tortellini Primavera ....
12.6.2.6 Cosciotto Di Tacchino All'agro ....
12.6.2.7 Nidi Di Pure' ....
12.6.2.8 Torta Glasse' All'arancia ....
12.6.2.9 Sorbetto Blu Di Curacao ....
12.6.2.10 Caffe' Irlandese Al Cioccolato..
12.6.3 PER UN GIORNO IMPORTANTE...
12.6.3.1 Drink Al Pompelmo ....
12.6.3.2 Spuma Di Salmone...
12.6.3.3 Rolle' Di Pollo ....
12.6.3.4 Tagliatelle Gratinate ....
12.6.3.5 Crepes Delicate ....
12.6.3.6 Carre' In Crosta Con Salsa Castelmagno ....
12.6.3.7 Salsa Castelmagno..
12.6.3.8 Verdure Gratinate ....
12.6.3.9 Torta Fiorita..
12.6.3.10 Spiedini Alla Frutta..
12.6.3.11 Sorbetto Al Moscato ....
12.6.4 A LUME DI CANDELA..
12.6.4.1 Intermezzo D'amore...
12.6.4.2 Avocados Ai Gamberetti ....
12.6.4.3 Palline Al Pistacchio ....
12.6.4.4 Vellutata Di Sedano Con Coda Di Rospo ....
12.6.4.5 Crespelle Allo Storione ....
12.6.4.6 Branzino Al Cartoccio Con Asparagi ....
12.6.4.7 Cuori Di Panna ....

12.7 MENÙ COLORATI..
12.7.1 FANTASIA IN ROSSO..
12.7.1.1 Aperitivo Alle Fragole ....
12.7.1.2 Bruschette Al Pomodoro ....
12.7.1.3 Spaghetti Ai Peperoni Rossi...
12.7.1.4 Merluzzo In Salsa Corallo Con Peperoni ....
12.7.1.5 Spezzatino Ai Peperoni ....
12.7.1.6 Perfetto Alle Fragole ....
12.7.1.7 Sorbetto Di Anguria ....
12.7.2 FANTASIA IN GIALLO ....
12.7.2.1 Yellow Paradise..
12.7.2.2 Nidi Alla Spuma Di Tonno ....
12.7.2.3 Fiori Di Zucca Ripieni..
12.7.2.4 Chifferini Alla Crema Di Zucca ....
12.7.2.5 Riso Al Curry Con Gamberi ....
12.7.2.6 Bocconcini Di Pollo All'ananas ....
12.7.2.7 Torta Mimosa ....
12.7.2.8 Gelo Di Limone ....
12.7.3 FANTASIA IN BIANCO ....
12.7.3.1 Gin Fizz ....
12.7.3.2 Scagliette Di Parmigiano Reggiano E Tartufi..
12.7.3.3 Crostini Alla Crema Di Formaggio ....
12.7.3.4 Vellutata Di Patate ....
12.7.3.5 Risottino Bianco Al Tartufo ....
12.7.3.6 Sogliole In Crema Con Finocchi Al Burro ....
12.7.3.7 Mousse Di Mele ....
12.7.3.8 Budino Al Cocco..

2 Manuale d'uso del robottino Bymbi.

2.1 Consigli utili per il funzionamento a Freddo

L'unica manopola da utilizzare per il funzionamento a freddo, è quella delle velocità. Simultaneamente sul **timer** compariranno i secondi che scorreranno in automatico non appena avrai selezionato la velocità desiderata. Un **dispositivo di sicurezza**, non ti permette di aprire il coperchio se la velocità non sarà posizionata sullo 0.

2.1.1.1 Bilancia

Per utilizzare la bilancia, il boccale deve essere **perfettamente** inserito nella sua sede e la manopola della velocità deve essere posizionata sullo 0.
Prima di pesare, premi il tasto bilancia: sul display compariranno tre 0. Da questo momento potrai pesare gli ingredienti in successione, fino ad un massimo di **2,5 Kg**. Ti consigliamo, per le piccole quantità, di inserire gli ingredienti molto lentamente per dare tempo ai sensori di attivarsi; così facendo otterrai esattamente il peso indicato dalla ricetta.

2.1.1.2 Velocità

Le velocità 1-2, servono esclusivamente per mescolare. Il
secondo cucchiaino (**velocità 2-3**), serve per montare.
Per tritare, macinare, grattugiare, ecc., si utilizzano le **velocità da 4 a turbo** e variano in funzione del tipo di alimento e del risultato che vuoi ottenere.
Quando la quantità degli ingredienti è poca, ti consigliamo di utilizzare **velocità non superiori a 8** e di far cadere gli ingredienti dal foro del coperchio sulle lame in movimento, perché la grande potenza che si sviluppa con le alte velocità, può far disperdere gli ingredienti sulle pareti del boccale e sul coperchio.
Utilizza direttamente il tasto turbo solo se nel boccale ci sono ingredienti solidi. Se vuoi sminuzzare o omogeneizzare alimenti solidi con liquidi, la velocità va portata lentamente da 1 a 9 e poi a turbo e il contenuto del boccale non deve essere superiore al litro.
Con la **velocità impasto** contrassegnata da una spiga, posizionata a destra della velocità 0, puoi ottenere impasti eccezionali.
La velocità "spiga" ti consentirà di impastare fino a 700 gr. di farina. Il suo funzionamento a intermittenza, riproduce l'impasto manuale ed evita il surriscaldamento del motore.

2.1.1.3 Consigli d'uso

Non forzare mai la leva di chiusura. Se l'apparecchio non si apre verifica che la manopola delle velocità sia correttamente posizionata sullo 0.
Leggi attentamente le pagine seguenti in cui sono riportate le preparazioni di base.
Bimby ha molteplici usi e solo la perfetta conoscenza degli stessi ti permetterà di sfruttarlo nel migliore dei modi.
Durante la preparazione delle ricette incontrerai questi simboli:
M minuti S secondi T temperatura V velocità I ingredienti

2.1.1.4 Contenuto di 1 misurino

Gli ingredienti si possono dosare sia con la bilancia che con il misurino.
Acqua, latte 100 grammi = 1 decilitro
Olio 90 grammi
Zucchero 100 grammi
Farina 55 grammi
Fecola 80 grammi

Pangrattato 40 grammi
Riso 80 grammi
Parmigiano 50 grammi

2.1.2 *Bimby trita*

Ricordati:
- che le piccole quantità dovranno essere introdotte dal foro del coperchio
- che il volume degli ingredienti non dovrà mai superare la metà del boccale e sulle lame in movimento a V 6.

2.1.3 *Prezzemolo - Basilico Aromi vari*

Prezzemolo e aromi lavati e asciugati nella quantità desiderata (non meno di 20 gr.). Inserisci nel boccale dal foro del coperchio con lame in movimento V 6, una manciata per volta dell'aroma che desideri tritare e continua fino ad esaurimento degli ingredienti. Aspetta 10 S ancora prima di fermare l'apparecchio.

Vi consiglio di tritare discrete quantità, per poterle poi conservare nel congelatore e utilizzarle quando necessitano. Puoi anche conservarli in frigorifero coperti di olio e se ti piace, aromatizzarli con uno spicchio di aglio. Le piccolissime quantità, si possono invece tritare contemporaneamente agli altri ingredienti della ricetta che desideri preparare.

2.1.4 *Carote Cipolle Sedano*

Da 50 gr. a 500 gr. della verdura prescelta, lavata e tagliata grossolanamente. Inserisci la verdura prescelta nel boccale e tritala: da 10 a 30 S a V 4, a seconda della quantità e del trito desiderato.

2.1.5 *Verdure Miste*

400 gr. di verdure miste lavate e strizzate.
Inserisci nel boccale le verdure, alternando quelle in foglia a quelle in pezzi e tritale: da 6 a 10 S a V 3 a seconda del trito desiderato. Potrai così utilizzarle per un ottimo minestrone.

2.1.6 *Per cominciare*

2.1.6.1 **Trito per gratin**

1 panino raffermo, 1 spicchio di aglio, prezzemolo, rosmarino e altri aromi a piacere. Inserisci il tutto nel boccale: 20 S da V 4 a turbo.

2.1.6.2 **Carne cruda/cotta**

Carne magra priva di nervi e pellicine nella quantità desiderata.
Taglia la carne a cubetti e falla cadere 100 gr. per volta dal foro del coperchio, con lame in movimento a V 8. Spegni immediatamente dopo aver inserito l'ultimo cubetto e toglila. Ripeti l'operazione fino ad esaurimento della quantità desiderata. Puoi utilizzare anche cubetti di carne congelata, senza attendere il perfetto scongelamento. In questo caso la carne potrà essere anche leggermente grassa.

2.1.6.3 **Prosciutto - Mortadella - Salumi vari**

Prosciutto o altro nella quantità desiderata.
Inserisci i salumi dal foro del coperchio, con lame in movimento a V 5 per il tempo necessario a seconda della quantità.

2.1.6.4 **Ghiaccio**

Da 100 a 700 gr. di cubetti.
Inserisci i cubetti nel boccale e tritali a V 6 da 5 S a 20 S. Il tempo può variare in funzione della quantità.

2.1.6.5 Grattugia, macina e polverizza

Ricordati che per una perfetta riuscita il boccale dovrà essere sempre perfettamente asciutto e che il volu-me degli ingredienti non dovrà mai superare la metà del boccale.

2.1.6.6 Pane secco e raffermo

Fino a 300 gr. di pane secco o raffermo.
Inserisci il pane a pezzetti nel boccale: 10 S a V 4 dando contemporaneamente alcuni colpi di V turbo.
Il tempo necessario sarà in funzione della quantità e della finezza desiderata.

2.1.6.7 Parmigiano

Fino a 300 gr. di parmigiano privo di crosta.
Inserisci il parmigiano a cubetti nel boccale: 10 S aV 4 dando contemporaneamente alcuni colpi di V turbo. Il tempo necessario sarà in funzione della quantità.

2.1.6.8 Caffè

Fino a 250 gr. di caffè in grani.
Inserisci il caffè nel boccale e macinalo per 1 M aV 8 e 1 M a V turbo. Il tempo può variare a seconda se utilizzi la moka o la macchina espresso.

2.1.6.9 Mandorle - Noci - Frutta secca

Fino a 300 gr. di frutta secca.
Inserisci l'ingrediente che desideri macinare nel boccale: 30 S portando lentamente la V da 4 a turbo.

2.1.6.10 Cioccolato

Fino a 300 gr. di cioccolato a pezzi.
Inserisci il cioccolato nel boccale: da 5 a 30 S a V 8 a seconda della quantità.

2.1.6.11 Zucchero

Fino a 300 gr di zucchero.
Inserisci lo zucchero nel boccale: da 10 a 30 S aV turbo a secondo della quantità.

2.1.6.12 Riso

Fino a 200 gr. di riso.
Inserisci il riso nel boccale e polverizzalo per 2 M a V turbo.

2.1.6.13 Legumi e cereali

Fino a 200 gr. di legumi (mais frumento avena tapioca lenticchie ceci ecc.). Inserisci il legume o il cereale prescelto nel boccale e polverizzalo a V turbo, per 2 o 3 M. Il tempo può variare a seconda della quantità e della qualità del cereale.

2.1.7 *Bimby frulla omogeneizza*

Ricordati che per omogeneizzareè necessario prima utilizzare V basse (4-5) e poi passare a V 9 o Turbo.

2.1.7.1 Bibite integrali

La base per una buona bibitaè 1 limone, zucchero, ghiaccio a piacere, e della buona frutta. Pela a vivo la frutta, privala dei semi e mettila nel boccale con il ghiaccio il limone e lo zucchero. Omogeneizza per 30 S a V 6 e 1 M aV Turbo. Unisci la quantità di acqua che desideri e mescola per 4 M a V 3. Volendo, col cestello, si possono filtrare i minimi residui.

2.1.7.2 Bibite filtrate

1 mela o altra frutta a piacere, 1 gambo di sedano, 1 limone pelato a vivo e 1 carota, 70 gr. di zucchero, 600 gr. di acqua, 6 cubetti di ghiaccio.
Inserisci nel boccale zucchero e ghiaccio e tritalo a V 5 per 5 S. Aggiungi la frutta: 3 S a V 5 poi l'acqua e mescola per 2 M a V 3. Filtra con il cestello
e servi.

2.1.7.3 Frullati

La proporzione degli ingredienti è uguale a quelli delle bibite.
In questo caso dovrai prima tritare lo zucchero e il ghiaccio: 6 S V 6. Aggiungi poi la frutta e il limone: 30 S a V 6, e unisci poca acqua: 30 S a V Turbo.

2.1.8 *Bimby emulsiona*

Emulsionare significa, portare in sospensione di un liquido minutissime particelle di altre sostanze, creando così una "emulsione". Ricordati che si ottiene un risultato eccellente versando i liquidi dal foro del coperchio tenendo il misurino leggermente inclinato.

2.1.8.1 Frappé

200 gr. di frutta matura, 6 cubetti di ghiaccio, 1/2 mis. di zucchero, 4 mis. di latte magro.
Inserisci nel boccale lo zucchero il ghiaccio e la frutta: 10 S a V 8. Posiziona la farfalla, porta la V a 2-3 e aggiungi il latte dal foro del coperchio tenendo il misurino inclinato.

2.1.8.2 Maionese

1 uovo intero e 1 tuorlo, 3 mis. di olio di semi, succo di 1/2 limone, sale q.b. Inserisci nel boccale uova limone e sale: 45 S a V 4 versando l'olio a filo dal foro del coperchio con il misurino leggermente inclinato.

2.1.8.3 Crèpes

4 uova, 200 gr. di farina, 1/2 lt. di latte, 50 gr. di burro morbido.
Inserisci tutti gli ingredienti nel boccale: 20 S a V 5. Prima di utilizzarlo lascia riposare il composto in una ciotola per 1/2 ora.

2.1.9 *Bimby monta*

Ricordati: di utilizzare la FARFALLA per facilitare questa operazione e di usare sempre alimenti freschissimi.

2.1.9.1 Albumi a neve

Da 2 a 6 albumi, 1 pizzico di sale fino.
Disponi la farfalla sulle lame del boccale perfettamente pulito e inserisci gli albumi: da 2 a 3 M a V 2-3, a seconda del numero degli albumi. Fai attenzione che non ci siano residui di tuorlo e imposta per un migliore risultato, la temperatura a 40 C. Il tempo necessario sarà sempre in funzione della quantità degli albumi.

2.1.9.2 Panna montata

Da 200 a 600 gr. di panna fresca e ben fredda. Raffredda il boccale in frigorifero. Disponi la farfalla sulle lame e inserisci la panna: da 45 a 90 S a V 2-3. Controlla la densità e, se necessario, aumenta il tempo di pochi secondi. Non usare panna a lunga conservazione e non superare mai V 3, altrimenti la panna si smonta. Puoi ottenere un ottimo risultato, utilizzando anche panna vegetale.

2.1.9.3 Burro

Da 200 a 600 gr. di panna fresca.

Nel boccale ben freddo disponi la farfalla e aggiungi la panna: 2 M a v 2-3. Aggiungi acqua fredda, mescola per alcuni S a V 1, poi scola il burro venuto a galla, usando il cestello. Conservalo in frigorifero. Puoi insaporirlo a scelta con sale, basilico, erba cipollina o rucola precedentemente tritati.

2.1.10 Bimby manteca

Mantecare significa rendere una preparazione morbida e omogenea. Bimby, grazie alla potenza del motore ci dà la possibilità di ottenere istantaneamente sorbetti o gelati partendo da ingredienti ghiacciati. I sorbetti sono a base di ghiaccio, zucchero, limone e altra frutta a piacere. I sorbettoni sono a base di frutta congelata, zucchero a velo e 1 limone. I gelati di frutta sono a base di latte congelato, frutta congelata, zucchero a velo e 1 limone.

2.1.10.1 Sorbetto di limone

700 gr. di ghiaccio, 2 limoni pelati a vivo e privati dei semi, 200 gr. di zucchero.
Fai lo zucchero a velo per 30 S a V Turbo. Inserisci prima i limoni, poi il ghiaccio: 1 M da V 5 a Turbo, spatolando. A piacere sostituisci i limoni con altra frutta.

2.1.10.2 Sorbettone di frutta mista

700 gr. di frutta mista congelata a pezzi, 1 limone pelato a vivo senza semi e 200 gr. di zucchero.
Togli la frutta dal freezer qualche minuto prima di utilizzarla. Fai lo zucchero a velo: 30 S a V Turbo. Unisci il limone e la frutta: 40 S a V 7, 20 S a V 4 e 20 S a V Turbo, spatolando.

2.1.10.3 Gelato di fragole

300 gr. di fragole congelate, 500 gr. di latte congelato a cubetti, 100 gr. di zucchero, succo di limone.
Togli la frutta dal freezer 5 S prima di utilizzarla. Fai lo zucchero a velo: 20 S a V Turbo. Unisci le fragole e il latte: 40 S a V 7 e 20 S a V 4, spatolando. Bimby impasta

2.1.11 Impasti base per pane pizza focacce

Ricordati: che per gli impasti con lievito di birra, sia dolci che salati, avrai un ottimo risultato, utilizzando la velocità spiga. Il quantitativo massimo di farina non dovrà superare i 700 gr. La velocità di esecuzione consentirà comunque di impastare in un'ora 10 Kg. di farina. L'impasto migliora se il lievito viene sciolto in liquidi tiepidi; la temperatura comunque non dovrà mai superare i 40 C, per non togliere i principi attivi del lievito di birra.

2.1.11.1 Pasta per pane o pizza

500 gr. di farina, 1 cubetto di lievito di birra, 200 gr. di acqua, 100 gr. di latte, 1 cucchiaio d'olio e sale q.b.
Inserisci nel boccale l'olio, il lievito, l'acqua, il latte tiepido e il sale: 5 S a V 6. Aggiungi la farina: 20 S a V 6 e 1 M a V Spiga. Lascia lievitare l'impasto coperto per circa 1/2 ora, prima di utilizzarlo.

2.1.11.2 Pasta per pizza gigante

700 gr. di farina, 1 cubetto di lievito di birra, 300 gr. di acqua, 100 gr. di latte, 2 cucchiai d'olio e sale q.b.
Inserisci nel boccale l'olio, il lievito, l'acqua, il latte tiepido e il sale: 5 S a V 6. Aggiungi dall'alto a pioggia, la farina: 30 S a V 6 e 1 M e 1/2 a V Spiga. Lascia lievitare l'impasto coperto per circa 1/2 ora, prima di utilizzarlo.

2.1.12 Impasti base per tagliatelle ravioli

Ricordati: che il rapporto 100 gr. di farina, 1 uovo è perfetto utilizzando uova da 60 gr. Per eventuali correzioni della consistenza dell'impasto, aggiungi un cucchiaino di farina o un cucchiaino di acqua dal foro del coperchio con lame in movimento. L'aggiunta dell'olio di oliva è facoltativa e serve a rendere più elastico l'impasto.

Prima di stendere l'impasto, lascialo sempre riposare 15 M avvolto in un canovaccio.

2.1.12.1 Pasta all'uovo

3 uova, 300 gr. di farina, 1 cucchiaino d'olio.
Inserisci tutti gli ingredienti nel boccale: 20 S a V 6. E' ottima per tagliatelle, lasagne, ravioli, ecc...

2.1.12.2 Pastina per brodo

1 uovo, 130 gr. di farina.
Inserisci nel boccale 100 gr. di farina e l'uovo: 10 S a V 3. Con lame in movimento a V 5 aggiungi i restanti 30 gr. di farina e ferma l'apparecchio dopo 2 S. Versa la pastina su un canovaccio e lasciala asciugare. Se una parte dell'impasto rimane attaccato alle pareti, staccalo con la spatola e ripeti l'operazione con un poco di farina.

2.1.13 Impasti per torte

Sono i più semplici e potrai utilizzare le tue ricette personali.

2.1.13.1 Impasti base per crostate - quiche - vol-au-vent

Ricordati: che per gli impasti a base di farina con magarina o burro è importante utilizzare tali ingredienti a temperatura ambiente. Prima di utilizzare questi impasti lasciali sempre riposare per 15 M in frigorifero, avvolti in in canovaccio o in carta forno.

2.1.13.2 Pasta brisé

250 gr. di farina, 100 gr. di burro morbido, 1/2 mis. abbondante di acqua fredda, sale q.b.
Inserisci nel boccale prima la farina poi gli altri ingredienti e impasta per 15 S a V 6. Avvolgi l'impasto in un canovaccio e lascialo in frigorifero per 15 M, prima di utilizzarlo. E' un'ottima base per torte salate.

2.1.13.3 Pasta Frolla

300 gr. di farina, 130 gr. di burro morbido, 1 uovo intero e 1 tuorlo, 3/4 di mis. di zucchero, scorza di limone (già grattugiata), 1 pizzico di sale e ½ cucchiaino di lievito vanigliato (facoltativo).
Inserisci tutti gli ingredienti nel boccale e impasta per 25 S a V 7. Avvolgi l'impasto in un canovaccio e lascialo in frigorifero per 15 M prima di utilizzarlo. E' un'ottima base per crostate.

2.1.13.4 Pasta sfoglia

150 gr. di burro congelato a pezzi, 150 gr. di farina, 3/4 di mis. di acqua gelata e 1 pizzico di sale.
Inserisci tutti gli ingredienti nel boccale: 15 S a V 6. Stendi la pasta in un rettangolo e ripiegala in 3 parti. Ripeti la stessa operazione altre 3 o più volte (per ogni lato del rettangolo), tirando ogni volta la pasta con il mattarello. E' ottima per la preparazione di vol-au-vent, cannoncini, ecc...

2.1.13.5 Pan di spagna

6 uova, 250 gr. di farina, 250 gr. di zucchero, 1 bustina di vanillina, 1 bustina di lievito e 1 pizzico di sale.

Fai lo zucchero a velo: 20 S a V Turbo. Unisci le uova: 20 S a V 4. Versa attraverso il foro del coperchio con lame in movimento V 7 la farina, la vanillina, il sale e per ultimo il lievito: 40 S a V 7. Versa in una tortiera e cuoci in forno per 10 M a C 160, 15 M a C. 180 e 15 M a 200 C. E' un'ottima base per le torte farcite.

Se sei golosa, vai a pagina 83: troverai tante belle ricette.

2.1.14 *Bimby cuoce*

2.1.14.1 **Nel Boccale**

a V 1 o 2 per il rimescolamento degli ingredienti, senza tritarli. Da V 3 in poi trita anche gli ingredienti.

2.1.14.2 **Nel Boccale Con Farfalla**

a V 1 o 2 per il rimescolamento degli ingredienti delicati, o delle grandi quantità, e per montare determinate preparazioni.

2.1.14.3 **Nel Boccale Con Cestello**

a V 4 per cotture differenziate.

2.1.14.4 **Nel Varoma**

per la cottura a vapore, utilizzando il VAROMA con o senza vassoio. Per addensare sughi, marmellate ecc.

2.2 Consigli utili per il funzionamento a caldo

2.2.1 *Temperature*

Per il funzionamento a caldo, dovrai utilizzare 2 manopole: quella della velocità, quella della temperatura e il tasto del display per predeterminare il tempo. Si possono selezionare temperature dai 40 C ai 100 C. La temperatura Varoma va utilizzata per le cotture a vapore e per addensare.

L'esclusivo sistema di cottura di Bimby, ti consente la più ampia gamma di utilizzo:
- selezionando una temperatura dai **40 ai 60 C**, puoi intiepidire preparazioni o fondere alimenti delicati come il cioccolato.
- selezionando temperature dai **70 ai 90 C**, puoi ottenere preparazioni perfette come la fonduta, la crema inglese o lo zabaione, che non tollerano temperature più elevate.
- selezionando la temperatura di **100 C**, infine, puoi soffriggere e cuocere, con la sicurezza che la temperatura selezionata rimarrà costante per tutta la durata della cottura. Se durante la cottura il liquido dovesse fuoriuscire dal foro del coperchio, abbassa la temperatura a 90 C.
- selezionando la temperatura **Varoma**, otterrai più produzione di vapore e questo ti consentirà di sfruttare al massimo le potenzialità di Bimby. Si consiglia di posizionare il VAROMA sul coperchio quando gli ingredienti nel boccale avranno raggiunto l'ebollizione.

2.2.2 *Velocità*

In cottura, le **velocità 1 o 2**, si usano per un rimescolamento più o meno lento.

Le **velocità da 3 a 6**, si usano per potere contemporaneamente tritare, emulsionare o amalgamare.

- Durante il funzionamento a caldo e sopratutto con liquidi in ebollizione, non dovrai mai **utilizzare velocità superiori alla velocità 6**. Per una legge fisica, abbinare la pressione del vapore alla forte potenza rotatoria delle lame, può provocare la fuoriuscita di liquido bollente.

L'eventuale omogeneizzazione degli ingredienti va fatta a freddo. MAI durante o alla fine della cottura.

Alla fine della cottura con Varoma togli immediatamente il Varoma; prima di fermare l'apparecchio aspetta alcuni secondi, prima di aprire il coperchio del boccale.

I tempi di cottura indicati nelle ricette, sono sempre indicativi e potranno variare in funzione della qualità degli ingredienti e del gusto personale.

Ricordati sempre che con Bimby si può fare tutto e non dovrai cambiare le tue abitudini culinarie ma le potrai solo migliorare.

Prima di incominciare a cucinare pensa: Bimby farà questa ricetta per me?...Sicuramente sì... provalo!

12 Menù & Menù

12.1 Primi Menù

12.1.1 In Famiglia
(X 5 PERSONE)

12.1.1.1 Insalata Spiritosa

Ingredienti: 2 finocchi teneri, 2 cespi di insalata belga, 2 arance pelate al vivo, 12 gherigli di noce, 100gr. di yogurt intero, 60gr. di maionese, 1\2 misurino di succo d'arancia, sale q.b. Affettare finocchi e insalata, unire le arance a pezzetti, i gherigli di noce divisi in 4 e disporre in un'insalatiera. Inserire nel boccale yogurt, maionese, sale e succo d'arancia: 10sec. Vel.2. Versare la salsina sull'insalata e guarnire con alcuni gherigli di noce.

12.1.1.2 Ravioli Di Magro Al Limone

Ingredienti: Per l'impasto: 500gr. di farina, 4 uova, 50gr. di vino bianco secco; per il ripieno: 500gr. di spinaci mondati, 300gr. di ricotta fresca, 100gr. di parmigiano, 80gr. di burro, scorza di un limone, sale q.b.
Procedimento: Inserire nel boccale farina, uova e vino: 30sec. Vel.6 e unmin spiga. Coprire l'impasto con un canovaccio e lasciar riposare. Inserire gli spinaci nel boccale dopo averli lavati: 10min 100° Vel.1. A cottura ultimata scolarli e strizzarli. Introdurre nel boccale parmigiano e ricotta: 10sec. Vel.4. Con lame in movimento Vel.4 aggiungere il sale e poco alla volta gli spinaci: 10sec. Vel.6. Tirare la sfoglia, farcire con l'impasto e ritagliare dando al raviolo la forma desiderata. Cuocere i ravioli in acqua bollente salata 7\8 minuti. Inserire nel boccale con lame in movimento Vel.6 la scorza di limone. Condire i ravioli con burro fuso, la scorzetta tritata e parmigiano. Usando la farfalla si possono cuocere i ravioli nel boccale e per il ripieno si possono sostituire gli spinaci con bietole o borragine.

12.1.1.3 Risotto Al Peperone

Ingredienti: 450gr. di riso, un peperone rosso, 100gr. di piselli freschi o surgelati, un pezzetto di cipolla, uno spicchio d'aglio, 50gr. d'olio, 900gr. d'acqua, 100gr. di latte, un cucchiaio di dado bimby, 40gr. di burro, parmigiano grattugiato a piacere, sale q.b.
Procedimento: Inserire nel boccale il peperone a pezzi: 10sec. Vel.4. Toglierne la metà e metterla da pare. Inserire nel boccale cipolla, aglio, olio: 3min 100° Vel.4. Posizionare la farfalla e unire il riso: 30sec. Vel.1. Aggiungere acqua, dado, piselli e i peperoni tenuti da parte: 14min 100° Vel.1. A metà cottura aggiungere dal foro del coperchio il latte. Terminata la cottura versare il risotto in una risottiera, mantecare con burro, parmigiano e aggiustare di sale. Lasciare riposare qualche minuto prima di servire.

12.1.1.4 Involtini A Modo Mio

Ingredienti: Per gli involtini: 5 fettine sottili di fesa di vitello, una manciata di prezzemolo, 2 panini raffermi, 100gr. di latte, 100gr. di salsiccia, 450gr. di piselli surgelati (o 600gr. di piselli freschi), 30gr. di burro, uno spicchio d'aglio. Per la salsina: 100gr. di latte, 100gr. d'acqua, 2 cucchiai di farina, succo di 1\2 limone, sale q.b.

Procedimento: Introdurre nel boccale il pane raffermo tagliato a pezzi, inzupparlo col latte, aggiungere prezzemolo, salsiccia, sale e aglio: 20sec. da Vel.1 a 6. Cospargere le fettine di carne con sale, un pezzetto di burro e una pallina di ripieno. Arrotolare la carne, fermarla con uno stecchino e adagiarla nel Varoma. Aggiungere i piselli e salarli. Inserire nel boccale un litro d'acqua e posizionare il Varoma: 45 minuti Varoma, Vel.1. Sistemare carne e piselli in una pirofila e senza lavare il boccale, inserire latte, acqua, farina, limone e sale: 3min 90° Vel.3. Versare la salsa su involtini e piselli e servire. NOTE: Il tempo di cottura della carne varia a seconda dello spessore delle fettine. Si può sostituire la carne di vitello con fettine di fesa di tacchino tagliate sottili.

12.1.1.5 Composta Di Mele

Ingredienti: 200gr. di pane integrale raffermo, 100gr. di zucchero, un misurino d'acqua, 750gr. di mele renette, 50gr. di uva passita, 50gr. di mandorle sbucciate, 50gr. di burro o margarina.

Procedimento: Introdurre nel boccale 50gr. di zucchero: 20sec. Vel.Turbo. Aggiungere il pane: 15sec. Vel.5. Travasate il tutto in una ciotola. Inserire nel boccale le mele sbucciate e tagliate a pezzetti, un misurino d'acqua, l'uvetta precedentemente ammollata e le mandorle: 15min 100° Vel.1. Imburrare uno stampo da forno, fare uno strato con metà del pane sbriciolato, ricoprirlo con l'impasto di mele e terminare col rimanente pane. Cospargere col restante zucchero e completare con fiocchetti di burro. Mettere in forno preriscaldato a 200° per 20 minuti circa. Servire freddo.

12.1.1.6 Gelato Alla Banana

Ingredienti: 300gr. di banane a pezzetti surgelate, 300gr. di latte congelato a cubetti, 100gr. di zucchero, succo di 1\2 limone. Togliere dal congelatore gli ingredienti 5 minuti prima di lavorarli. Inserire nel boccale lo zucchero: 20sec. Vel.Turbo. Unire banane, latte, succo di limone: 40sec. Vel.7 e 20sec. Vel.4 spatolando. Servire subito. VARIANTE: La banana si p uò sostituire con altra frutta a piacere.

12.1.2 Con I Parenti

(X 6 PERSONE)

12.1.2.1 Mandarino Drink

Ingredienti: 2 limoni, 4 mandarini, un misurino di zucchero, un misurino di gin, 2 lattine d'acqua tonica, 10 cubetti di ghiaccio.

Procedimento: Pelare a vivo la frutta e privarla dei semi. Inserirla nel boccale con zucchero e ghiaccio: 30sec. Vel.3. Aumentare gradualmente la velocità fino ad arrivare a Turbo per un minuto. Unire ad apparecchio fermo l'acqua tonica, il gin e mescolare a Vel.1 per qualche secondo e filtrare. Servire freddo e guarnire con una fettina di limone.

12.1.2.2 Cozze E Sgombri In Bellavista

Ingredienti: 500gr. di cozze, 500gr. di sgombri, 500gr. d'acqua, 180gr. d'olio, 40gr. di prezzemolo, 4 spicchi d'aglio, 1\2 misurino di succo di limone, sale q.b. Inserire nel boccale l'acqua: 5min 100° Vel.1.

Procedimento: Posizionare il *Varoma* con gli sgombri e le cozze disposti sul vassoio. Cuocere 30 minuti *Varoma* Vel.1. Eliminare l'acqua di cottura, sgusciare le cozze, spinare gli sgombri e disporli su un piatto da portata. Preparare la salsina inserendo nel boccale aglio e prezzemolo: 20sec. Vel.5. Raccogliere il composto con la spatola, aggiungere sale, olio, limone: 1min 100° Vel.4. Versare la salsina sul pesce e servire. NOTE: Si può guarnire il piatto con ciuffi di prezzemolo e alcune cozze nei loro gusci.

12.1.2.3 Risotto Al Profumo Di Mare

Ingredienti: 500gr. di riso arborio, 50gr. d'olio, uno spicchio d'aglio, 1 lt di liquido, di cui una parte di brodetto della "Zuppa Gioconda" (Ricetta seguente), un ciuffo di prezzemolo tritato, una parte dei frutti di mare della "Zuppa Gioconda", sale. Inserire dal foro del coperchio con lame in movimento Vel.4 l'aglio e tritare per pochi secondi. Posizionare la farfalla, aggiungere olio e riso: 5min 100° Vel.1. Versare il brodetto del pesce, l'acqua necessaria per arrivare ad un litro di liquido: 12min 100° Vel.1. Due minuti prima del termine della cottura aggiungere alcuni scampi, cozze, vongole, seppie, della Zuppa Gioconda, prezzemolo e sale. Versare in una risottiera e servire.

12.1.2.4 Zuppa Gioconda

Ingredienti: 400gr. di seppia (polpo o calamaro), 500gr. di scampetti, 200gr. di vongole col guscio, 200gr. di cozze col guscio, 1 kg di pesce da brodetto (merluzzo, triglia, coda di rospo, ecc), 500gr. di pomodori pelati, 200gr. d'olio, 2 spicchi d'aglio, una manciata di prezzemolo tritato, sale. Inserire nel boccale olio, aglio: 3min 100° Vel.4. Aggiungere le seppie e cuocere: 3min 100° Vel.1. Versare nel boccale il pomodoro, sale e posizionare il cestello con gli scampi. Posizionare il *Varoma* con cozze e vongole e sul vassoio del *Varoma* il restante pesce: 35min *Varoma* Vel.1. A cottura ultimata disporre il pesce in una zuppiera, versare il sugo e guarnire con prezzemolo tritato. Tenere in caldo la zuppa fino al momento di servire. NOTE: Si può utilizzare una parte del sugo con un po' di seppie, scampi, vongole e cozze per cuocere il riso della ricetta precedente.

12.1.2.5 Petto Di Pollo In Salsa

Ingredienti: 600gr. di petto di pollo, 40gr. di burro, 30gr. d'olio, 1\2 cipolla, 50gr. di prosciutto crudo, 30gr. di farina, 250gr. di vino bianco secco, 150gr. d'acqua, 2 tuorli, un ciuffo di prezzemolo, succo di 1\2 limone, sale, pepe. Tagliare il pollo in pezzi piuttosto piccoli, infarinarli e sistemarli nel cestello con sale e pepe. Inserire nel boccale cipolla, metà burro, olio e prosciutto crudo: 3min 100° Vel.4. Aggiungere vino, acqua, poco sale e posizionare il cestello: 40min 100° Vel.3. Ultimata la cottura togliere il cestello e disporre la carne su un piatto da portata. Aggiungere al sugo di cottura un cucchiaio di farina, i tuorli, il resto del burro, limone e prezzemolo: 3min 80° Vel.3. Versare la salsa ottenuta sulla carne, guarnire con ciuffetti di prezzemolo, fettine di limone e servire.

12.1.2.6 Palline Al Cocco

Ingredienti: 150gr. di zucchero, 3 uova, 150gr. di farina di cocco, una bustina di lievito per dolci, 300gr. di farina, 50gr. di burro morbido. Inserire nel boccale lo zucchero: 10sec. Vel.Turbo. Aggiungere burro e uova: 30sec. Vel.6. Unire farine e lievito: 30sec. Vel.spiga. Formare delle palline della grandezza di una noce e disporle sulla piastra del forno precedentemente imburrata. Cuocere in forno preriscaldato a 140° per 10 minuti circa. Lasciare intiepidire prima di toglierle dalla piastra.

12.1.2.7 Praline Al Cioccolato.

Ingredienti: 125gr. di cioccolato fondente, 50gr. di latte, 15gr. di burro, un tuorlo, 50gr. di biscotti secchi, 50gr. di mandorle tostate, 100gr. di farina di cocco. Inserire nel boccale i biscotti: 10sec. Turbo e mettere da parte. Inserire nel boccale le mandorle: 15sec. Turbo e mettere da parte. Introdurre nel boccale il cioccolato: 10sec. Vel.5. Aggiungere il latte: 3min 50° Vel.1. Unire burro, biscotti, tuorlo, mandorle e farina: 10sec. Vel.3 spatolando. Mettere il composto in frigo e far raffreddare. Formare delle palline, rotolarle nella farina di cocco, metterle in pirottini di carta e disporle su un vassoio.

12.1.2.8 Pere Alla Vodka

Ingredienti: 800gr. di pere a tocchetti surgelate, 100gr. di zucchero, succo di un limone, vodka a piacere. Inserire nel boccale lo zucchero: 10sec. Vel.Turbo. Unire pere e succo di limone: 20sec. Vel.4 e un minuto passando da velocità 7 a Turbo spatolando. Servire il sorbetto in coppette con un pò di vodka a piacere

12.1.3 Con Gli Amici

(X 8 PERSONE)

12.1.3.1 Mousse Al Prosciutto Con Affettati Misti

Ingredienti: 500gr. di prosciutto cotto, 250gr. di panna, 150gr. di besciamella composta da: 20gr. di burro, 150gr. di latte, un cucchiaio di farina, sale. Posizionate la farfalla nel boccale, precedentemente raffreddato in frigorifero. Inserite la panna: 40sec. Vel.3 e mettere da parte. Introdurre ora farina, burro, latte e sale: 5min 90° Vel.4 e lasciare riposare qualche minuto. Inserire dal foro del coperchio con lame in movimento Vel.3 il prosciutto: 20sec. Vel.3 e un minuto Vel.8 spatolando. Aggiungere la panna: 30sec. Vel.3. Versare in uno stampo imburrato e porlo in frigo per qualche ora. Capovolgere su un piatto da portata e servire freddo accompagnato da crostini di pane.

12.1.3.2 Ditaloni Alle Melanzane

Ingredienti: 500gr. di ditaloni, una grossa melanzana sbucciata, 250gr. di pomodori pelati, 1\2 cipolla, uno spicchio d'aglio, 30gr. d'olio, 50gr. di parmigiano grattugiato, peperoncino a piacere, sale, pepe. Inserire nel boccale cipolla, aglio e olio: 3min 100° Vel.2. Unire dal foro del coperchio con lame in movimento Vel.4 la melanzana a pezzi: 40sec. Vel.4. Aggiungere pelati, sale, pepe e peperoncino: 20min 100° Vel.1. Cuocere la pasta per il tempo indicato sulla confezione e condirla con il sugo. Servire con parmigiano grattugiato.

12.1.3.3 Salsa Mornay

Ingredienti: 300gr. di latte, 200gr. di panna, 100gr. di gruviera, 30gr. di farina, 50gr. di burro, 2 tuorli, sale, noce moscata. Inserire nel boccale il gruviera: 15sec. Turbo e mettere da parte. Introdurre nel boccale latte, panna, farina, sale, noce moscata e burro: 7min 90° Vel.4. A cottura ultimata, unire il gruviera e i tuorli: 10sec. Vel.4. NOTE: questa salsa serve per gratinare polpettine, petti di pollo, verdure lessate e pasta.

12.1.3.4 Polpettine Al Vino Bianco Con Finocchi

Ingredienti: 300gr. di carne trita di vitello, 200gr. di carne trita di maiale, un panino ammorbidito nel latte, 30gr. di parmigiano grattugiato, 250gr. di vino bianco, 250gr. d'acqua, 2 uova, 4 finocchi, un cucchiaio di dado bimby, 2 cucchiai di farina di semola, sale, pepe. Inserire nel boccale parmigiano, carne, uova, pane ammorbidito, sale, pepe: 40sec. Vel.3. Formare delle piccolissime polpette, passarle nella semola di grano duro e sistemarle nel *Varoma* unto d'olio. Disporre i finocchi lavati e affettati nel vassoio del varoma. Inserire nel boccale vino, acqua, dado, posizionare il *Varoma* e cuocere: 40min *varoma* Vel.4. A fine cottura sistemare le polpettine al centro di una pirofila e contornare con i finocchi. Cospargerle con la salsa Mornay e farle gratinare in forno per 10 minuti prima di servire.

12.1.3.5 Torta All'ananas

Ingredienti: una scatola di ananas sciroppato da 500 g, 200gr. di zucchero, 50gr. di zucchero di canna, 5 uova, 200gr. di farina, 70gr. di burro, una bustina di lievito, scorza di 1\2 limone, 1\2 misurino di succo d'ananas, un pizzico di sale. Mettete il burro in una tortiera di 24cm di diametro e fatelo sciogliere nel forno tiepido. Disponete sul burro sciolto lo zucchero di canna, distribuendolo in modo uniforme e adagiate su di esso le fette di ananas. Inserite nel boccale zucchero e scorza: 20sec. Vel.8. Unite uova, farina, sale e succo d'ananas: 40sec. Vel.4. Aggiungete il lievito: 10sec. Vel.5. Versate il composto nella teglia sopra le fette d'ananas. Mettete in forno già caldo a 180° per 10 minuti e a 200° per 30 minuti. Capovolgete la torta su un piatto da portata quando è ancora calda. Servitela ben fredda guarnita con ciliegie candite.

12.1.3.6 Coppa Moka

Ingredienti: 4 tuorli, 150gr. di zucchero, 400gr. di latte, 100gr. di panna, 80gr. di caffè liofilizzato, un pizzico di sale fino Inserire tutti gli ingredienti nel boccale: 5min 80° Vel.3. Versare la crema in un recipiente largo e basso e porlo in congelatore per almeno 3 ore. Al momento di servire dividerlo in pezzi, metterli nel boccale e mantecare 10sec. Vel.9 e 30sec. Vel.6. Servirlo in coppe e guarnire con qualche chicco di caffè.

12.1.4 Guardando La Tv

Ingredienti: (X 8\10 PERSONE) 500gr. di ananas sciroppato e sgocciolato, 10 cubetti di ghiaccio, una bottiglia di spumante dolce. Mettere nel boccale l'ananas e il ghiaccio: 10sec. Vel.7 e un minuto Vel.Turbo. Unire lo spumante: 5sec. Vel.1. Versare il tutto in una caraffa e servire ben freddo.

12.1.4.1 Bibita Alla Frutta

Ingredienti: 400gr. di frutta di stagione a scelta, un limone pelato a vivo, un litro d'acqua, 5 cubetti di ghiaccio, zucchero a piacere. Inserire nel boccale il ghiaccio: 20sec. Vel.7. Aggiungere frutta e limone: 40sec. Vel.7 e 50sec. Vel.Turbo. Aggiungere acqua e zucchero: 20sec. Vel.2. Filtrare, versare in una caraffa e servire.

12.1.4.2 Pane, Amore E Fantasia

Ingredienti: Per il pane: 500gr. di farina, 200gr. d'acqua, 100gr. di latte, 1\2 cubetto di lievito di birra, un cucchiaio d'olio, un cucchiaino di sale, un cucchiaino di zucchero. Per il ripieno: 100gr. di parmigiano, 100gr. di pistacchi, 100gr. di gherigli di noci, 100gr. di Emmental. Inserire nel boccale acqua, latte, lievito, sale, zucchero e olio: 10sec. Vel.4. Aggiungere la farina: 30sec. Vel.6 e 30sec. Vel.spiga. Mettere l'impasto in una terrina, coprirlo e farlo lievitare 1\2 ora. Senza lavare il boccale, inserire il parmigiano: 10sec. Turbo e togliere. Introdurre noci, pistacchi ed Emmental: 15sec. Vel.5 e togliere. Stendere l'impasto lievitato, coprire la sfoglia ottenuta con il ripieno, arrotolare tutto e dare la forma desiderata. Ungere una teglia quadrata, disporre l'impasto e cuocere in forno preriscaldato a 200° per 30 minuti circa. E' ottimo tiepido e a fettine.

12.1.4.3 Quiche Di Carciofi

Ingredienti: una dose di pasta brisé (vedi libro base), 500gr. di cuori di carciofo freschi o surgelati, uno spicchio d'aglio, 50gr. d'olio, 50gr. di olive nere snocciolate, mezzo misurino d'acqua, 150gr. di provola a cubetti, sale, pepe q.b. Fate la pasta brisé e riponetela in frigo per mezz'ora. Nel frattempo inserite nel boccale olio e aglio: 2min 100° Vel.1. Posizionate la farfalla, aggiungete i carciofi tagliati a spicchi sottili, mezzo misurino d'acqua, olive, sale, pepe e cuocete: 20min 100° Vel.1. Con l'impasto foderate una teglia unta di 30cm di diametro, disponete i carciofi, la provola, ripiegate bene i bordi e spennellateli con olio. Cuocete in forno preriscaldato a 250° per 20 minuti.

12.1.4.4 Palline Del Danubio

Ingredienti: per l'impasto: 550gr. di farina, 3 uova, 100gr. di latte, 100gr. di burro, 25gr. di lievito di birra, un cucchiaino di sale, un cucchiaino di zucchero, un cucchiaino di parmigiano grattugiato. Per il ripieno: 200gr. di prosciutto cotto, 200gr. di Emmental, un tuorlo. Inserire nel boccale prosciutto ed Emmental: 10sec. Vel.4 e mettere da parte. Introdurre tutti gli ingredienti dell'impasto: 45sec. Vel.6 e 25sec. Vel.spiga. Con l'impasto, che non deve risultare troppo asciutto, formare delle palline non troppo grandi. Farcirle col prosciutto e l'Emmental tritati, e disporle sulla placca da forno imburrata e infarinata. Spennellarle col tuorlo e farle lievitare un'ora. Cuocere in forno preriscaldato a 200° per 25 minuti.

12.1.4.5 Baba' Rustico

Ingredienti: 500 farina, 100 parmigiano, 150 burro, 6 uova, 25 lievito birra, 1 mis.latte, 2 cucchiaini di sale, 1/2 cucchiaino di pepe, 200gr. emmenthal, 150gr. di prosciutto cotto. Tritare il parmigiano 15 sec, Vel.Turbo e mettere da parte. tritare il prosciutto cotto e l'emmenthal 10sec. Vel.4 mettere da parte. Inserire nel boccale il burro le uova il lievito latte 20sec. Vel.4 Aggiungere il sale il parmigiano e la farina 55sec. Vel.6 unire il prosciutto e l'emmenthal 15sec. Vel.5 spatolando. Versare l'impasto in uno stampo da baba imburrato e infarinato e lasciarlo lievitare per 1 ora circa. Cuocere 1 180 per 30 minuti.

12.1.4.6 Mousse Delicata Di Fragole

Ingredienti: 300gr. di panna da montare, 300gr. di philadelphia, 100gr. di miele, 300gr. di fragole. Posizionare nel boccale la farfalla e introdurre la panna: 45sec. Vel.2. Togliere la farfalla e mettere da parte la panna montata. Inserire nel boccale philadelphia e miele: 15sec. Vel.3. Aggiungere le fragole: 20sec. Vel.4. Unire la panna montata: 20sec. Vel.2. Mettere il composto ottenuto in coppette e porre in frigo per almeno 2 ore prima di servire.

12.1.4.7 Crostata Di Amaretti

Ingredienti: Per l'impasto: 400gr. di farina, 170gr. di zucchero, 200gr. di burro morbido, 2 uova intere + un tuorlo, un cucchiaino di lievito in polvere, scorzetta di un limone, un pizzico di sale. Per il ripieno: 300gr. di ricotta, 150gr. di zucchero, 200gr. di amaretti, 3 tuorli, 1\2 misurino di Grand Marnier o liquore a piacere. Inserire nel boccale zucchero e scorza di limone: 20sec. da Vel.1 a 9 lentamente. Aggiungere tutti gli altri ingredienti per l'impasto: 30sec. Vel.6; avvolgerlo in carta oleata e lasciarlo riposare al fresco per 20 minuti. Stendere l'impasto dello spessore di 1\2cm e foderare una tortiera con i bordi a cerniera, di 26cm di diametro, tenendo i bordi laterali della pasta alti 2cm. Mettere tutti gli altri ingredienti del ripieno: 40sec. Vel.5 spatolando. Versare il composto nella teglia pareggiandolo bene. Cuocere in forno preriscaldato a 180° per 20 minuti e 200° per 20 minuti. Togliere la teglia dal forno, aprire la cerniera e lasciar raffreddare bene la torta. Disporla su un piatto e servirla guarnendola con qualche amaretto intero inzuppato nel liquore.

12.2 Menù rapidi

12.2.1 Tornando Dal Lavoro

(X 6 PERSONE)

12.2.1.1 Orange Cooler

Ingredienti: 3 arance pelate a vivo 150gr. Di gin 100gr. Di vermut rosso 10 cubetti di ghiaccio 1 bottiglia di prosecco ben freddo. Inserire nel boccale tutti gli ingredienti tranne il prosecco: 30sec. Vel.6 e 60sec. Vel.Turbo. Filtrare in una caraffa, aggiungere il prosecco e servire ben freddo

12.2.1.2 Risottino Con Petit Pois

Ingredienti: 400gr. di riso arborio, 100gr. di pisellini surgelati, una cipolla media, 80gr. di burro, 1\2 misurino di vino bianco secco, 900gr. d'acqua, un cucchiaio di dado bimby, un misurino di parmigiano grattugiato. Inserire la metà del burro e la cipolla tagliata in quarti: 3min 100° Vel.4. Aggiungere acqua e dado: 5min 100° Vel.1. Posizionare il cestello con riso e pisellini: 20min 100° Vel.4. Versare in una risottiera, mantecare col restante burro e parmigiano, aggiustare di sale e servire.

12.2.1.3 Filetti Di Trota Salmonata In Salsa Sublime

Ingredienti: 500gr. di filetti di trota salmonata (senza pelle), 150gr. di foglie verdi di lattuga (private della costola dura), 250gr. di zucchine, 600gr. di acqua, un ciuffo di prezzemolo, qualche foglia di basilico, 200gr. di panna, 1\2 misurino di succo di limone o aceto, sale, pepe. Foderare il *Varoma* con la lattuga spezzettata grossolanamente. Mettere i filetti di trota lavati, asciugati e unti leggermente d'olio sulla lattuga. Nel vassoio superiore mettere i nastri di zucchine (Si ottengono tagliandole nel senso della lunghezza col pelapatate). Inserire nel boccale l'acqua: 5min 100° Vel.1. Posizionare il *Varoma* completo e cuocere: 25min *Varoma* Vel.1. A cottura ultimata disporre i filetti su un piatto caldo. Nel boccale pulito mettere la lattuga su cui si erano cotti i filetti, unire panna, basilico, prezzemolo, limone, sale e pepe: 20sec. Vel.6 e 40sec. Vel.Turbo. Versare la salsa sui filetti, aggiustare intorno ai piatti i nastri di zucchine e servire.

12.2.1.4 Zuppa Dolce All'arancia

Ingredienti: un pacco di savoiardi, 4 misurini di succo d'arancia, un tuorlo, 2 uova intere, 20gr. di burro, 300gr. di zucchero, un cucchiaino di fecola di patate, 40gr. di farina, la buccia di un'arancia, senza il bianco, 1\2 litro di latte. Inserire nel boccale il succo d'arancia, tuorlo, burro, fecola e 200gr. di zucchero: 7min 80° Vel.4. In una pirofila da portata, mentre cuoce la salsa, fare due strati di savoiardi. Versare la salsa sul primo e secondo strato e ricoprirli con la salsa stessa. Mettere nel boccale il restante zucchero e la buccia d'arancia: 20sec. Vel.Turbo. Unire uova, farina e latte: 7min 80° Vel.4. Versare la crema sui savoiardi, che si saranno già imbevuti di salsa all'arancia. Lasciare raffreddare e servire.

12.2.2 Non Tutti Alla Stessa Ora

(X 6 PERSONE)

12.2.2.1 Zucchine Marinate

Ingredienti: 400gr. di zucchine piccole, 1\2 spicchio d'aglio, 100gr. d'aceto, 4 acciughe, 100gr. d'olio, 2 uova sode, sale. Inserire nel boccale aglio, aceto, acciughe, olio: 20sec. Vel.8. Aggiungere le uova sode: 10sec. Vel.4 e mettere da parte. Tagliare a rondelle sottili le zucchine, disporle su un piatto da portata e condirle con la salsina. Lasciare marinare per due ore prima di servire.

12.2.2.2 Maccheroni Gratinati

Ingredienti: 500gr. di maccheroni, una dose di besciamella, un misurino di panna, 200gr. di ricotta, 150gr. di prosciutto cotto, 80gr. di burro, 50gr. di parmigiano, 30gr. di pecorino, sale. Inserire nel boccale il prosciutto cotto: 5sec. Vel.4 e mettere da parte. Preparare la besciamella come da ricettario base e alla fine unire panna, metà formaggio, ricotta e metà prosciutto: 10sec. Vel.2. Nel frattempo cuocere al dente i maccheroni e condirli col burro. Disporli in una pirofila, unta di burro, e ricoprirli con la besciamella. Cospargerli col rimanente prosciutto e formaggio. Cuocere in forno caldo a 200° per 20 minuti circa.

12.2.2.3 Pangrattato Aromatizzato

Ingredienti: 2 panini raffermi, uno spicchio d'aglio, origano, rosmarino, maggiorana, salvia, prezzemolo e sale. Inserire nel boccale tutti gli **ingredienti:** 20sec. da Vel.5 a Vel.Turbo. Metterlo da parte e utilizzarlo per riempire i pomodorini della ricetta seguente, o altro a piacere. POLPETTINE AL SUGO CON POMODORI AROMATIZZATI
Ingredienti: 300gr. di pollo, 100gr. di mortadella, 100gr. di pangrattato, 100gr. di latte, un uovo intero, uno spicchio d'aglio, 50gr. d'olio, 300gr. di passata di pomodoro, un mis. D'acqua, origano e sale, 10 pomodorini, 30gr. di pangrattato aromatizzato. Inserire nel boccale con lame in movimento Vel.6 pollo e mortadella: 20sec. Vel.6. Aggiungere pangrattato, uovo, latte e sale: 20sec. Vel.4. Formare delle polpettine e disporle nel cestello. Tagliare a metà i pomodorini, privarli dei semi, riempirli col pangrattato aromatizzato e posizionarli nel Varoma. Introdurre nel boccale aglio, olio, origano e sale: 3min 100° Vel.4. Unire la passata di pomodoro, l'acqua, inserire il cestello con le polpettine e posizionare il *Varoma* con i pomodorini ripieni: 30min *varoma* Vel.4. Terminata la cottura sistemare tutto in un piatto da portata e servire.

12.2.2.4 Salsa Tonnata

Ingredienti: un uovo intero, un tuorlo, 300gr. di olio di semi, succo di un limone, sale, 80gr. di tonno, un cucchiaino di capperi, 3 filetti d'acciuga. Inserire nel boccale tutti gli ingredienti e versare a filo dal foro del coperchio, con lame in movimento Vel.4 l'olio fino alla quantità desiderata. Tenerla da parte fino al momento di utilizzarla.

12.2.2.5 Involtini E Verdure A Vapore

Ingredienti: per gli involtini: 500gr. di fettine di vitello, 500gr. d'acqua, un cucchiaino di dado bimby, un misurino d'aceto, un ciuffo di prezzemolo, uno spicchio d'aglio, un misurino di pangrattato. Per le verdure: 2 carote a dadini, un finocchio a spicchi, 2 cuori di carciofo a spicchi, 300gr. di spinaci mondati, sale, pepe. Preparare ben battute e tagliate regolari le fettine di vitello. Inserire prezzemolo, aglio e pangrattato nel boccale: 10sec. Vel.6. Disporre un po' di questo trito al centro di ogni fetta, arrotolarle strette, ungerle con poco olio e sistemarle verticalmente nel cestello. Introdurre nel boccale acqua, dado e aceto: 5min 100° Vel.1. Sistemare nel *Varoma* carote, finocchi, carciofi e sul vassoio gli spinaci. Posizionare il cestello con gli involtini e il *Varoma* con le verdure: 35min *Varoma* Vel.1. Terminata la cottura, sistemare gli involtini ben allineati su un piatto da portata e ricoprirli con la salsa tonnata della ricetta precedente. Disporre le verdure su un piatto e condirle con olio, limone, sale e pepe.

12.2.2.6 Torta Ricca Di Ricotta

Ingredienti: 250 ricotta, 200 farina, 200 zucchero, 50 burro morbido, 50 uvetta, 50 cioccolato fondente, 50 frutta candita a pezzi, 2 uova, 1 bustina vanillina, 1 bustina lievito, 1 pizzico di sale. Inserire nel boccale il cioccolato fondente: 10sec. Vel.5 e mettere da parte. Introdurre uova, zucchero, burro, ricotta e sale: 30sec. Vel.4 spatolando. Far cadere a pioggia dal foro del coperchio con le lame in movimento a Vel.4 farina vanillina e lievito in polver 40sec. Vel.4. Unire l'uvetta precedentemente messa a bagno in un po di brandy il cioccolato e la frutta: 20sec. Vel.2 spatolando. Versare in uno stampo da 24cm di diametro precedentemente unta e infarinata e cuocere in forno preriscaldato a 170° per 15 minuti e a 180\200° per 30 minuti. Servire fredda.

12.2.3 *Il Marito In Cucina*

(X 4 PERSONE)

12.2.3.1 Quadratini Al Pesto Di Rucola

Ingredienti: per il pesto: 130gr. foglie di rucola lavata e asciugata, 60 parmigiano a pezzi, 30gr. di pinoli, 1 spicchio di aglio, 30gr. d'olio d'oliva, 10gr. d'olio di semi. 4 fette di pancarrè tagliato a quadratini, 12 dadini di peperone rosso. Inserire nel boccale parmigiano, pinoli, aglio: 30sec. Vel.Turbo; unire le foglie di rucola, olio, sale e pepe: 20sec. Vel.4 e 20 a Turbo. Togliere il composto dal boccale, metterne da parte due cucchiai e versare il rimanente in una zuppiera. Spalmare il pesto sui quadratini di pancarrè e decorare con dadini di peperone rosso.

12.2.3.2 Fusilli Alla Rucola E Uova Al Varoma

Ingredienti: 300gr. di fusilli, un cucchiaio di aceto di vino rosso, un peperone rosso di media grandezza tagliato a dadini, sale, pepe, 1 lt d'acqua, 4 uova, foglie di rucola lavate, quante ne bastano per coprire con uno strato il fondo del Varoma, un filo d'olio per condire. Aggiungere al pesto della ricetta precedente i dadini di peperone e l'aceto. Mettere un litro d'acqua nel boccale (senza lavarlo) e disporre il *Varoma* con le foglie di rucola: 7min *Varoma* Vel.1. Togliere ilv aroma e dal foro del coperchio inserire la pasta e salare. Riposizionare il Varoma, rompere delicatamente le uova adagiandole sulla rucola e aggiungere un filo d'olio. Cuocere a temp *Varoma* per il tempo di cottura indicato sulla confezione della pasta. A fine cottura scolare i fusilli, condirli col pesto e il peperone e portare in tavola il Varoma, utilizzando il coperchio come sottopiatto.

12.2.3.3 Fusilli Al Pistacchio

Ingredienti: 300gr. di fusilli 60gr. di pistacchio sgusciato 20gr. di pinoli 150gr. di prosciutto crudo (in una sola fetta e tagliata a dadini) 30gr. di burro 100gr. di polpa di pomodoro 100gr. di Brandy 200gr. di panna 1 cucchiaio abbondante di pesto alla rucola 30gr. di parmigiano grattugiato Tritare pistacchio e pinoli: 10sec. Vel.5 e metterli da parte. Inserire nel boccale i dadini di prosciutto crudo, il burro e cuocere: 3min. 90° C Vel.1. Dal foro del coperchio aggiungere il Brandy e la polpa di pomodoro: 5min. 100° C Vel.1 tenendo il misurino inclinato. Terminata la cottura unire panna, pesto alla rucola e trito di pistacchio e pinoli: 20sec. Vel.2. Condire i fusilli e servirli con parmigiano grattugiato

12.2.3.4 Spezzatino Di Patate E Uova

Ingredienti: 800gr. di patate pelate e tagliate a pezzi, uno spicchio d'aglio, una manciata di prezzemolo, 50gr. d'olio, 400gr. d'acqua, 4 uova, sale, pepe. Inserire nel boccale olio, aglio, prezzemolo: 3min 100° Vel.3. Dal foro del coperchio unite patate, sale e pepe: 3min 100° Vel.1. Aggiungere l'acqua e cuocere: 15min 100° Vel.1. A fine cottura unite le uova dal foro del coperchio rompendo il guscio sul bordo del medesimo: 2min 90° Vel.1. Versare in un piatto da portata e servire guarnendo con ciuffetti di prezzemolo.

12.2.3.5 Dolcetti Verdi Di Mio Marito

Ingredienti: 130gr. di pistacchi sgusciati e spellati, 130gr. di zucchero, 2 albumi, un pizzico di sale. Inserire nel boccale zucchero e pistacchi: 30sec. Vel.Turbo e mettere da parte. Posizionare la farfalla, unire gli albumi e un pizzico di sale: 2min 40° Vel.3. Togliere la farfalla e dal foro del coperchio unire lentamente zucchero e pistacchi, lavorando a Vel.3 fino ad esaurimento. Distribuire il composto a cucchiaini sulla placca del forno imburrata, avendo cura di disporre i dolcetti ben distanziati uno dall'altro. Cuocere in forno preriscaldato a 100° finché non si saranno rappresi. Volendo si possono sostituire i pistacchi con nocciole o mandorle.

12.2.3.6 Sorbetto Affogato

Ingredienti: un limone pelato a vivo, 100gr. di zucchero, 20 cubetti di ghiaccio (300gr. circa), 4 fette di ananas sciroppato, 8 cucchiaini di vodka ghiacciata. Inserire nel boccale lo zucchero: 20sec. Vel.Turbo. Aggiungere limone e ghiaccio: 40sec. Vel.5 e un minuto Vel.Turbo, spatolando. Mettere in ogni coppa una fetta d'ananas, il sorbetto e irrorare con 2 cucchiai di vodka. Servirlo subito, accompagnandolo con i dolcetti al pistacchio.

12.2.4 Ospiti Improvvisi
(X 6 PERSONE)

12.2.4.1 Friend's Club
Ingredienti: 2 cucchiai di zucchero, un misurino di succo d'arancia, un misurino di succo di limone, 1\2 misurino di rhum, 1\2 misurino di gin, 2 cubetti di ghiaccio. Mettere tutti gli ingredienti nel boccale: 6sec. Vel.5. Versare in una caraffa, aggiungere il ghiaccio e servire.

12.2.4.2 Pate' Gustoso
Ingredienti: 1 scatola di fagioli borlotti, 70gr. Di speck, 80gr. Di burro, 3 rametti piccoli di rosmarino, 1 spicchio d'aglio, 50gr. Di marsala o brandy, sale e pepe q.b. Inserire nel boccale 20gr. Di burro, rosmarino, aglio, speck 3min. 70° Vel.3. Unire i borlotti sgocciolati, il brandy, poco sale e pepe 5min. 70° Vel.3 Lascaire raffreddare. Aggiungere il restante burro 30sec. Vel.4 e 1min a Vel.7. Versare in uno stampo e mettere in frigorifero a rassodare per un paio d'ore. Servire su crostoni di pane integrale tostato

12.2.4.3 Tagliatelle Alla Boscaiola
Ingredienti: 400gr. di tagliatelle, 150gr. di panna, 100gr. d'olio, 50gr. di pancetta, 100gr. di peperoni o melanzane a dadini, 100gr. di piselli freschi, 40gr. di funghi secchi ammollati, un pezzetto di cipolla, parmigiano grattugiato a piacere, sale. Inserire nel boccale pancetta e cipolla: 10sec. Vel.5. Aggiungere l'olio: 4min 100° Vel.4. Unire le verdure: 15min 100° Vel.1 senza misurino. A cottura ultimata aggiungere la panna: 5sec. Vel.1. Condire le tagliatelle e servirle cosparse di parmigiano.

12.2.4.4 Tortino Di Uova E Zucchine
Ingredienti: 500gr. di zucchine piccole, 3 uova, 150gr. di latte, 30gr. di burro, un cucchiaio di farina, 50gr. di parmigiano, 10 foglie di menta (facoltativo), sale, pepe. Posizionare nel boccale la farfalla e inserire il burro e le zucchine a rondelle: 15min 100° Vel.1. Toglierle e disporle in una pirofila unta di burro. Mettere nel boccale uova, latte, farina, parmigiano, sale, pepe e foglie di menta: 20sec. Vel.6. Versare il composto sulle zucchine. Cuocere in forno preriscaldato a 180° per 30 minuti circa.

12.2.4.5 Dessert Alle Fragole
Ingredienti: 500gr. di latte, 150gr. di zucchero, 90gr. di farina, 2 tuorli + 1 uovo intero, 1 bustina di vanillina, 300gr. di fragole fresche, 1\2 misurino di maraschino. Mettere 100gr. di fragole intere in una coppa di cristallo con 1\2 misurino di zucchero e il maraschino. Inserire tutti gli ingredienti e le restanti fragole: 7', 90°, velocità 4. Lasciare intiepidire la crema e versarla sulle fragole. Lasciarla raffreddare e servirla accompagnata da biscottini.

12.3 Menù rustici

12.3.1 Seduti In Un Prato
(X 8 PERSONE)

12.3.1.1 Pere Al Prosecco
Ingredienti: un kg di pere sbucciate, 2 misurini di zucchero, 7 misurini d'acqua, succo di un limone, 7 misurini di prosecco ben freddo. Inserire nel boccale acqua e zucchero: 9min 100° Vel.3. Versare lo sciroppo in una caraffa e lasciar raffreddare. Introdurre nel boccale succo di limone e pere: 30sec. da Vel.3 a Turbo. Cuocere 7min 90° Vel.4. Unire questo composto allo sciroppo, mescolare e lasciar raffreddare. Aggiungere il prosecco, mescolare e servire ben ghiacciato. VARIANTE: Si possono sostituire le pere con altra frutta a piacere

12.3.1.2 Tramezzini

Ingredienti: Pan carrè bianco e pan carrè integrale, Salsa al tonno: 100g robiola e 100gr. tonno. Salsa alle noci: 30gr. gherigli di noci, 100gr. formaggio verde al mascarpone. Salsa al basilico: 2 caprini, basilico, un ciuffo di erba cipollina odori vari. Inserire nel boccale robiola e tonno: 10sec. Vel.3 e 10sec. Vel.4 e mettere da parte. Introdurre le noci 10sec. Vel.4, aggiungere il formaggio verde al mascarpone 10sec. Vel.3 e mettere da parte. Inserire nel boccale erbetta, basilico e caprini 10sec. Vel.3. Dividere le fette di pan carrè a rettangoli e farcirle con le tre salse e a piacere con prosciutto crudo. Disporre in un vassoio alternando i tramezzini integrali con quelli bianchi.

12.3.1.3 Miniquiche Di Verdure

Ingredienti: Per la pasta brisè: 400gr. di farina, 200gr. di burro, un mis d'acqua, un pizzico di sale. Salsa ai peperoni: 100gr. di peperoni, 30 gd'olio, 20gr. di cipolla, 30gr. di panna, un uovo, un cucchiaio di parmigiano, sale, pepe. Salsa alle zucchine: una zucchina lessata, 30gr. di panna, un cucchiaio di parmigiano, un uovo, sale, pepe. Salsa agli asparagi: 5 asparagi, 30gr. di panna, un cucchiaio di parmigiano, un uovo, sale, pepe. Salsa agli spinaci: 100gr. di spinaci lessati, 30gr. di panna, un cucchiaio di parmigiano, un uovo, sale, pepe. Preparare la pasta brisè: inserire nel boccale tutti gli **ingredienti:** 20sec. Vel.5 spatolando. Lasciar riposare in frigo 30min. Inserire nel boccale olio, peperoni, cipolla: 5min 100° Vel.3. Aggiungere panna, uovo e parmigiano, sale e pepe: 10sec. Vel.5 e 20sec. Vel.7. Mettere da parte. Inserire nel boccale una o due zucchine lessate, panna, parmigiano, uovo, sale e pepe: 10sec. Vel.5 e 20sec. Vel.7. Ripetere lo stesso procedimento per asparagi e spinaci, sempre lessati. Tirare la pasta fine, ritagliare 28 dischetti e foderare degli stampini imburrati e infarinati. Riempirne 7 per ogni salsa e cuocere in forno preriscaldato a 190° per 15 minuti. Prima di sformarle lasciarle intiepidire e servirle fredde.

12.3.1.4 Pennette Primavera

Ingredienti: 500gr. di pennette 700gr. di pomodori a pezzettoni e privi di semi 150gr. di panna timo, maggiorana, basilico, salvia, rosmarino 40gr. di olio di oliva 250gr. di tonno a pezzetti 100gr. di ricotta salata sale e pepe q.b. Inserire nel boccale timo, maggiorana, basilico, salvia e rosmarino: 20sec. Vel.6 e mettere da parte. Inserire l'olio: 3min. 100° C Vel.1. Aggiungere i pomodori: 3sec. Vel.4 e cuocere: 5min. 100° C Vel.1, salare e pepare. Versare il sugo in una ciotola, aggiungere la panna e il trito aromatico. Scolare la pasta, versarla in una pirofila, condirla con il sugo, aggiungere tonno e ricotta salata grattugiata, mescolare bene e servirla fredda.

12.3.1.5 Rotolo Di Tacchino

Ingredienti: 1 kg di petto di tacchino, 500gr. di ricotta, un uovo, 100gr. di grana, 200gr. di speck, salvia, burro, olio, vino bianco, sale, pepe. Inserire nel boccale dal foro del coperchio con lame in movimento Vel.6, la fesa di tacchino a pezzetti, i 3 volte: 50sec. Vel.8. Rimetterla tutta nel boccale, aggiungere ricotta, tuorlo, grana, sale, pepe e amalgamare: 1min Vel.4 spatolando. Versare l'impasto sul piano di lavoro e formare un rotolo. Avvolgerlo completamente con fette di speck fermate da una fogliolina di salvia e uno stuzzicadenti. Adagiarlo in una pirofila con burro e olio, cuocere in forno preriscaldato a 180° per 45 minuti circa. A metà cottura bagnare con vino bianco. NOTE: Se l'impasto dovesse risultare troppo denso, per miscelarlo bene impastarlo in due volte.

12.3.1.6 Pinzimonio In Cesto Di Pane

Ingredienti: 500gr. di farina, 1\2 cubetto di lievito di birra, 2 misurini d'acqua, un misurino di latte, un cucchiaio d'olio, sale, verdure per pinzimonio. Inserire nel boccale acqua, latte, olio e lievito: 5sec. Vel.6. Aggiungere farina e sale: 30sec. Vel.6 e 1min Vel.spiga. Lasciar lievitare 1\2 ora. Stendere l'impasto e tagliarlo a strisce; capovolgere una terrina ed alzarla. Appoggiare sulla terrina le strisce d'impasto in senso orizzontale, poi in senso verticale intrecciandole tra loro. Formare così un cesto, ungerlo d'olio e tuorlo d'uovo sbattuto col latte. Metterlo in forno preriscaldato a 180° per 45 minuti circa. Sistemare nel cesto: sedani, carote, ravanelli, zucchine e altre verdure a piacere. Preparare scodelline individuali con olio, sale e pepe per il pinzimonio.

12.3.1.7 Torta Rustica

Ingredienti: 200gr. di farina, 200gr. di zucchero, un uovo, 200gr. di mandorle sbucciate, 150gr. di burro, 1\2 mis di liquore all'amaretto, una bustina di lievito, zucchero a velo, burro per lo stampo, sale. Inserire nel boccale le mandorle: 11sec. Turbo. Unire farina, burro, zucchero, sale, uovo, lievito e 1\2 misurino di liquore: 20sec. Vel.4. Versare l'impasto in una tortiera imburrata e cuocere in forno preriscaldato a 200° per 30min circa. Sfornare e lasciar raffreddare la torta su una gratella prima di capovolgerla. Servirla spolverizzata con zucchero a velo.

12.3.2 Davanti Al Camino

(X 8 PERSONE)

12.3.2.1 Aperitivo Eva

Ingredienti: 3 mele verdi, 6 cubetti di ghiaccio, una bottiglia di prosecco, 4-5 gocce di angostura Inserire nel boccale il ghiaccio e le mele tagliate a pezzi: 3min da Vel.1 a Vel.Turbo. Mettere le mele omogeneizzate in una caraffa, aggiungere il prosecco freddo e l'angostura. Mescolare e servire. BOCCONCINI RUSTICI **Ingredienti:** 500gr. di farina, 50gr. di ciccioli di maiale, 50gr. di prosciutto crudo, un uovo, un cubetto di lievito di birra, 2 mis d'acqua tiepida, un cucchiaino di sale, un pizzico di zucchero. Inserire nel boccale i ciccioli e il prosciutto: pochisec. Vel.Turbo. Aggiungere acqua, sale, zucchero, uovo, lievito sbriciolato e farina: 30sec. Vel.6 e 30sec. Vel.spiga. Adagiare l'impasto in un canovaccio e lasciarlo lievitare 2 ore circa. Fare dei piccoli bocconcini, disporli sulla placca del forno e farli lievitare ancora un'ora. Cuocere in forno preriscaldato a 180° per 25 minuti.

12.3.2.2 Tagliatelle Autunnali

Ingredienti: Per le tagliatelle: 450gr. di farina di castagne, 300gr. di farina bianca, 350gr. d'acqua (3 mis e 1\2), farina di mais q.b.. Per il sugo: 500gr. di ricotta di pecora, 50gr. di burro, sale, pepe. Inserire nel boccale le farine: 30sec. Vel.3. Versare dal foro del coperchio l'acqua a filo: 30sec. Vel.4 e 30sec. Vel.spiga. Stendere l'impasto servendosi di un matterello, usando la farina di mais. Arrotolare la sfoglia e tagliare delle tagliatelle larghe 1cm. Cuocerle in abbondante acqua bollente salata. Posizionare la farfalla nel boccale e inserire ricotta, sale e pepe: 1min Vel.3. Aggiungere un mestolo dell'acqua di cottura della pasta: 15sec. Vel.2. Scolare le tagliatelle, versarle in un piatto da portata e condirle prima col burro, poi con la ricotta e servire.

12.3.2.3 Spezzatino Brasato

Ingredienti: 1 kg di polpa di vitellone a cubetti, 80gr. d'olio, una cipollina, 1\2 carota, uno spicchio d'aglio, 4 bacche di ginepro, qualche grano di pepe verde, un misurino di passata di pomodoro, un misurino e 1\2 di vino rosso corposo, sale, pepe. Inserite nel boccale olio, cipolla, aglio, carota a pezzetti: 5min 100° Vel.1. A fine cottura tritate tutto: 10sec. Vel.7. Aggiungete la carne, il vino, ginepro, pepe verde, sale, pepe: 6min 100° Vel.1. Aggiungete dal foro del coperchio la passata di pomodoro: 30min 100° Vel.1 tenendo il misurino inclinato. Disporre su un piatto da portata e servire

12.3.2.4 Peperoni In Agrodolce

Ingredienti: 600gr. di peperoni gialli e rossi, 2 spicchi d'aglio, 1 mis. d'olio d'oliva, 1/2 mis. d'aceto, 3 cucchiai di zucchero, 1 chiodo di garofano sale e pepe q.b. Inserire nel boccale olio, aglio e chiodo di garofano 5min. 100° Vel.1 Posizionare la farfalla e aggiungere i peperoni tagliati a listarelle 15min. 100° Vel.1 Unire aceto, sale, pepe e zucchero 5min. temp. *Varoma* Vel.1 Disporre sul piatto da portata e servire.

12.3.2.5 Salsa Peperina

Ingredienti: 300gr. di pomodori maturi a pezzi, 60gr. di cipolla, 30gr. di sedano, 200gr. di peperoni, 10gr. di sale, 10gr. di zucchero, 1\2 mis d'aceto, un cucchiaio di senape. Inserire tutti gli ingredienti tagliati a pezzi nel boccale: 20min 100° Vel.1 tenendo il misurino inclinato. A fine cottura tritare per pochi secondi a Vel.5 fino ad ottenere la tritatura desiderata. Questa salsa è ottima per accompagnare carne alla brace.

12.3.2.6 Pane Dell'amicizia

Ingredienti: 700gr. di farina bianca, 1 cubetto di lievito di birra, 10gr. di sale, 50gr. di olio, 450gr. di acqua tiepida. Mettere nel boccale farina, sale, lievito sbriciolato e olio. Introdurre dal foro del coperchio con lame in movimento a Vel.6, lentamente l'acqua a filo: 40 secondi Vel.6, poi un minuto Vel.spiga. Metterlo in uno stampo da plum-cake e lasciar riposare finché raddoppia il volume. Infornare a forno freddo e cuocere prima a 250° per 10 minuti e altri 35 minuti a 200°. NOTA: prima di infornare mettere sul pane una manciata di farina: darà al pane un aspetto rustico. Affettato è ottimo per la bruschetta.

12.3.2.7 Torta Della Nonna

Ingredienti: Per l'imapsto: 250gr. di farina, 100gr. di zucchero, 50gr. di burro, un uovo, 1\2 bustina di lievito vanigliato, un pizzico di sale, la scorza di un limone. Per la farcitura: 80gr. di nocciole, 50gr. di mandorle, 100gr. di cioccolato fondente, 150gr. di zucchero, 70gr. di burro morbido, un misurino di latte, 3 uova, una bustina di vanillina, un misurino di anice o mandorla amara. Inserire nel boccale la buccia di limone, lo zucchero e 50gr. di farina: 15sec. Turbo e mettere da parte. Introdurre il burro e ammorbidirlo: 1min 50° Vel.1. Aggiungere l'uovo, lo zucchero e il limone precedentemente polverizzati: 2min Vel.3. Unire un pizzico di sale, la restante farina e il lievito: 30sec. Vel.4. Stendere l'impasto per foderare una teglia di 26cm di diametro, precedentemente imburrata. Dalla sfoglia ricavare alcune striscioline che serviranno a decorare la torta, formando dei rombi. Mettere il disco di pasta nella teglia imburrata avendo cura di sollevare i bordi di circa 2cm. Inserire nel boccale nocciole, mandorle e zucchero: 30sec. Vel.Turbo. Unire il cioccolato a pezzi: 20sec. Vel.6. Aggiungere tutti gli altri **ingredienti:** 4min 50° Vel.4. Lasciare raffreddare e stendere la farcia sull'impasto. Terminare decorando con i rombi di pasta. Cuocere in forno preriscaldato a 180° per 45 minuti. Quando la torta sarà fredda fare qualche foro con uno stuzzicadenti e irrorarla con un misurino d'anice o mandorla amara.

12.3.2.8 Macedonia D'inverno

Ingredienti: 2 mele, 2 pere, 2 banane, 2 arance, 2 mandarini, 100gr. di cioccolato fondente, 10 noci, un bicchierino di maraschino. Inserire nel boccale il cioccolato a pezzi e i gherigli di noce: 10sec. Vel.4. Sbucciare la frutta e tagliarla a pezzetti e irrorarla col maraschino. Disporre la frutta in coppette e guarnire col cioccolato e le noci tritate.

12.4 Menù per una sera d'estate

12.4.1 In Campagna

(X 8 PERSONE)

12.4.1.1 Mangia E Bevi Al Prosecco

Ingredienti: 4 limoni 500gr. di ghiaccio 150gr. di zucchero scorza di limone a piacere 2 mis. di prosecco Inserire nel boccale lo zucchero e la scorza di limone: 30sec. Vel.4 e 1min. Vel.Turbo. Unire i limoni pelati a vivo, privi di semi e il ghiaccio: 1min. da Vel.4 a Vel.7. Aggiungere il prosecco: 5sec. Vel.1. Servire subito.

12.4.1.2 Stuzzichini Campestri

Ingredienti: l'impasto: 500gr. di farina, 200gr. d'acqua, 100gr. di latte, 1 cubetto di lievito di birra, un cucchiaio d'olio, sale. Per il ripieno: 250gr. di olive verdi snocciolate e tritate grossolanamente, un mis d'olio, origano, sale grosso. Inserire nel boccale acqua, latte, lievito e olio: 5sec. Vel.6. Aggiungere farina e sale: 30sec. Vel.6 e 1min spiga. Togliere l'impasto e farlo lievitare coperto fino a che sia raddoppiato di volume. Stendere l'impasto dello spessore di 1\2cm, distribuire il trito di olive sulla superficie e passare il matterello premendo leggermente per farle penetrare dentro l'impasto. Irrorare con olio, qualche granello di sale grosso e origano. Mettere in forno preriscaldato a 250° per 25 minuti circa. La pasta dovrà risultare croccante e, se necessario, proseguire la cottura per qualche minuto in più. Lasciar raffreddare e servire gli stuzzichini tagliati a quadrotti.

12.4.1.3 Quiche Di Scarola

Ingredienti: una dose di pasta brisè, 1 kg di scarola sbollentata e strizzata, 30 olive nere snocciolate, 15 gherigli di noci, 80gr. di pecorino, 50gr. d'olio, sale, pepe. Fare la pasta brisè come da ricettario e lasciarla riposare in frigo per 30 minuti. Posizionare la farfalla nel boccale e inserire la scarola, 2 cucchiai d'olio, olive snocciolate, sale e pepe: 30min 100° Vel.1 senza misurino. Stendere l'impasto, ungere una teglia da forno e foderare il fondo e il bordo con la pasta. Disporre uniformemente la scarola sull'impasto, guarnire con gherigli di noci e pecorino a lamelle. Irrorare con olio e cuocere in forno preriscaldato a 200° per 25 minuti.

12.4.1.4 Orecchiette Alla Rucola

Ingredienti: 500gr. di orecchiette, un mazzetto di rucola, 2 spicchi d'aglio, 1\2 misurino d'olio, 300gr. di polpa di pomodori freschi rossi, 100gr. di ricotta stagionata grattugiata, peperoncino a piacere, sale Inserire nel boccale olio, aglio e peperoncino: 3min 100° Vel.1. Eliminare l'aglio e aggiungere i pomodori a pezzi: 10min 100° Vel.2. Negli ultimi 4 minuti aggiungere qualche foglia di rucola fresca. Nel frattempo far bollire in una pentola acqua salata con qualche foglia di rucola per colorarla e cuocere la pasta. Nel piatto da portata spezzettare la restante rucola, versare la pasta, il sugo, la ricotta stagionata, mantecare e servire. Note: in mancanza di pomodori freschi si possono usare i pelati.

12.4.1.5 Nuvole Del Mediterraneo

Ingredienti: 500gr. di nuvole, 400gr. di pomodori pelati, 40gr. di olive nere snocciolate, un cucchiaio di capperi, 2 spicchi d'aglio, 1\2 misurino d'olio., peperoncino, origano, sale, parmigiano grattugiato (facoltativo) Inserire nel boccale olio, aglio e peperoncino: 3min 100° Vel.4. Aggiungere i pelati, sale e origano: 2sec. Vel.4. Cuocere 10min 100° Vel.1. Nel frattempo cuocere al dente la pasta in abbondante acqua salata, scolarla, versarla in una capace pirofila e unire il sugo, le olive e i capperi. A piacere aggiungere parmigiano grattugiato. Mescolare e servire.

12.4.1.6 Cupole Del Buongustaio

Ingredienti: 6 pomodori grandi, 100gr. di ricotta, 50gr. di cracker, 140gr. di gorgonzola al mascarpone, un albume, sale. Svuotare i pomodori, salarli e riporli testa in giù nel cestello a sgocciolare. Posizionare la farfalla nel boccale e inserire l'albume dell'uovo: unmin 40° Vel.2-3 e mettere da parte. Tritare nel boccale i cracker: 10sec. Vel.3. Incorporare la ricotta, il gorgonzola, sale e l'albume a neve: 20sec. Vel.3. Riempire i pomodori col composto e mettere in forno preriscaldato a 180° per 20min. Servire le cupole tiepide o fredde.

12.4.1.7 Involtini Aromatici

Ingredienti: 600gr. di petto di pollo a fettine, 50gr. di parmigiano grattugiato, scorza di 1\2 limone, 2 spicchi d'aglio, erbe aromatiche: prezzemolo, salvia, rosmarino, maggiorana, 1\2 cipolla, 40gr. d'olio, 2 misurini di vino bianco, 2 misurini d'acqua, un cucchiaio di dado bimby, un cucchiaio di farina, sale, pepe. Inserire nel boccale le erbe aromatiche, parmigiano, scorza di limone, aglio, sale e pepe: 20sec. Vel.6. Farcire col trito i filetti di pollo e formare dei piccoli involtini. Infarinarli e sistemarli nel *Varoma* con mazzetti aromatici a piacere. Nel boccale inserire cipolla e olio: 3min 100° Vel.3. Aggiungere acqua, vino, dado ed erbe aromatiche, posizionare il *Varoma* e cuocere: 25min *Varoma* Vel.4. A cottura ultimata sistemare gli involtini in una pirofila e addensare il sughetto con un cucchiaio di farina: 3min 90° Vel.3. Versare la salsina ottenuta sugli involtini e servirli caldi.

12.4.1.8 Crostata D'estate

Ingredienti: l'impasto: 250gr. di farina, 120gr. di burro morbido, un cucchiaio d'acqua, sale. Per il ripieno: 750gr. di albicocche mature, 250gr. di ciliegie, 100gr. di zucchero di canna, una bustina di vanillina, 3 uova, 250gr. di panna liquida, 30gr. di zucchero, un pizzico di sale, marmellata di albicocche a piacere. Inserire nel boccale farina, acqua, burro e sale: 30sec. Vel.6. Togliere e mettere al fresco per 20 minuti. Levare i noccioli alle albicocche e alle ciliegie. Stendere la pasta dello spessore di 1\2cm e foderare una teglia di 25cm di diametro. Disporre le albicocche tagliate a metà e mettere in ognuna una ciliegia. Mescolare lo zucchero di canna con la vanillina e versarlo a pioggia sulla torta. Fate cuocere in forno preriscaldato a 200° per 40 minuti. Mettere nel boccale panna, uova, zucchero e poco sale: 10sec. Vel.4 e versare il composto sulla torta quando sarà a metà cottura (dopo 25 minuti). A fine cottura spennellate con un po' di marmellata di albicocche intiepidita. Servire la torta ben fredda.

12.4.1.9 Bavarese Alle More

Ingredienti: 40gr. di farina, 90gr. di zucchero, 3 uova, 1\2 litro di latte, 300gr. di panna, un pizzico di sale, una bustina di vanillina zuccherata, 4 fogli di gelatina da 5 gr, 2 cucchiaiate di marmellata di more, alcune more intere per guarnire. Ammorbidire i fogli di gelatina in acqua fredda. Posizionare la farfalla nel boccale ben freddo e inserire la panna: unmin Vel.2-3 e mettere da parte. Introdurre uova, zucchero, farina e sale: 10sec. Vel.6. Aggiungere latte, marmellata e cuocere: 7min 80° Vel.4. Incorporare i fogli di gelatina ben strizzati: 20sec. Vel.6 e lasciare intiepidire. Unire delicatamente la panna alla crema. Versare il composto in uno stampo per ciambella di 20cm di diametro, striato di marmellata. Lasciar riposare in frigo per un'ora. Al momento di servire capovolgere lo stampo sul piatto da portata e guarnire con le more.

12.4.1.10 Marmellata Di More

Ingredienti: 200gr. di zucchero per ogni 1\2 kg di more. Inserire nel boccale le more ben lavate e cuocere: 10min 100° Vel.7. Passarle al setaccio, pesare il succo e aggiungere lo zucchero necessario. Cuocere: 20min *Varoma* Vel.2. Mettere subito in vasi di vetro e chiuderli ermeticamente. Se si vuole conservare la marmellata, sterilizzare i vasi in acqua bollente per 15 minuti. Note: la marmellata sarà pronta quando una goccia posata sul piattino rimarrà ben aderente.

12.4.2 Al Mare

(X 6-8 PERSONE)

12.4.2.1 Sedano Fizz

Ingredienti: 3 coste di sedano, un limone pelato a vivo, scorza di un limone, un misurino di gin, un misurino di zucchero, 1\2 litro d'acqua. Inserite tutti gli ingredienti nel boccale 5sec. Vel.6-7. Filtrate e servite.

12.4.2.2 Seppie Al Profumo Di Mare

Ingredienti: 1kg.di seppie giganti pulite, 350gr. di peperoni, 150gr. sedano, 600gr. acqua, sale q.b. Per condire: olio extravergine, prezzemolo tritato, 2 limoni, sale, aromi: 1 foglia di alloro, sedano, 1 pezzetto di cipolla, mezzo limone, 1/2 mis. di vino bianco, 1/2 carota. Disporre nel *Varoma* i peperoni e il sedano tagliati sottili.Posizionare la farfalla, inserire nel boccale l'acqua con gli aromi, le seppie, il sale e posizionare il Varoma: 40min. temp.*varoma* Vel.1. Terminata la cottura scolare le seppie e metterle con le verdure in un piatto da portata;condire con olio, limone e prezzemolo tritato.

12.4.2.3 Salsa Di Gamberetti

Ingredienti: 250gr. di gamberetti lessati e 50gr. per guarnire, 2 uova, olio di semi, sale, pepe, succo di un limone, 2 cucchiai di ketchup, 5 gocce di tabasco, 2 cucchiai di yogurt, una goccia d'aceto. Inserire nel boccale uova, succo di limone, ketchup, tabasco, yogurt e aceto: 45sec. Vel.8 versando l'olio a filo. Aggiungere i gamberetti: 7sec. Vel.4. Disporre in una coppa e guarnire con i gamberetti.

12.4.2.4 Salsa Pazza

Ingredienti: 2 panini secchi a pezzetti, salvia, rosmarino, aglio, prezzemolo, un peperoncino, 2 cucchiai di ketchup, un cucchiaio di senape, un mis d'olio d'oliva. Inserire nel boccale pane e aromi: 15sec. Vel.Turbo. Aggiungere ketchup, senape e olio: 20sec. Vel.6. Versare in una coppa e guarnire con ciuffi di prezzemolo.

12.4.2.5 Salsa Di Tonno

Ingredienti: 250gr. di tonno sott'olio sgocciolato, 100gr. di burro morbido, 3 acciughe diliscate, succo di 1\2 limone, un pizzico di sale. Inserire nel boccale dal foro del coperchio con lame in movimento Vel.6, tonno e acciughe: 20sec. Vel.6. Aggiungere succo di limone, burro e sale: 30sec. vle 4. Riunire il composto con la spatola: 30sec. Vel.6. Versare in una coppa, lasciare in frigo 3 ore.

12.4.2.6 Salsa Piccante Ai Peperoni Rossi

Ingredienti: 500gr. di peperoni rossi, 10 peperoncini piccanti di 1\2cm l'uno, 150gr. di capperi, 100gr. d'acciughe, 3 mis d'aceto, 2 misurini di vino bianco secco, un cucchiaio di sale grosso, 2 mis d'olio. Inserire nel boccale aceto, vino e sale: 5min 100° Vel.1. Unire i peperoni a pezzi: 3min 100° Vel.1 e scolarli col cestello. Inserire nel boccale capperi, acciughe e peperoncini: 20sec. Vel.6. Introdurre i peperoni: 20sec. Vel.4 (devono restare a pezzetti). Aggiungere l'olio e mescolare a Vel.1 per pochisec. Servire fredda. NOTE: Queste quattro salse si possono conservare in frigo per alcuni giorni, in un vasetto ben chiuso. Il poker di salse è ottimo servito con crostini di pane integrale.

12.4.2.7 Linguine Alla Polpa Di Granchio

Ingredienti: 400gr. di linguine, 15 bastoncini di polpa di granchio Surimi, 400gr. di pomodori pelati, 2 peperoncini piccanti, salvia e rosmarino, 1\2 mis d'olio, 3 misurini di vino bianco, 200gr. di panna, sale, pepe. Inserire nel boccale olio, salvia, rosmarino e peperoncino: 3min 100° Vel.4. Aggiungere i pelati, la polpa di granchio tagliata a rondelle, vino, sale, pepe: 8min 100° Vel.2. Unire la panna: 20sec. Vel.1. Mettere il composto nel piatto da portata, versarvi le linguine bollenti, e servirle guarnite con rondelle di granchio.

12.4.2.8 Seppioline Ripiene

Ingredienti: 700gr. di seppioline pulite e lavate, 700gr. di patate pelate e a pezzi, 600gr. d'acqua, 50gr. d'olio, un cucchiaio di prezzemolo tritato. Per il ripieno: 3 panini secchi, un ciuffo di prezzemolo, salvia, rosmarino, uno spicchio d'aglio, un peperoncino, 50gr. di parmigiano grattugiato, 100gr. d'olio. Inserire nel boccale tutti gli ingredienti del ripieno, tranne l'olio: 20sec. Turbo. Aggiungere l'olio: 10sec. Vel.6. Riempire le seppioline col composto e sistemarle nel Varoma. Mettere le patate nel cestello. Inserire l'acqua nel boccale, posizionare il cestello e il Varoma: 35min *Varoma* Vel.4. Terminata la cottura disporre le seppioline al centro di una pirofila e gratinare in forno a 200° per 15 minuti. Servire contornate dalle patate condite con olio e prezzemolo.

12.4.2.9 Sorbetto Ai Tre Frutti

Ingredienti: 300gr. di fragole congelate, 300gr. di ananas a pezzi congelato, 2 limoni pelati al vivo e congelati, 1 mis e 1\2 di zucchero. Inserire lo zucchero nel boccale: 10sec. Turbo. Introdurre la frutta ghiacciata: 30sec. Vel.7 spatolando. Servire subito.

12.4.3 In Montagna

(X 6 PERSONE)

12.4.3.1 Aperitivo Al Lampone

Ingredienti: 50gr. lamponi, 6 misurini di spumante secco, 3 misurini di vodka, 1\2 misurino di bitter Campari, scorza di 1 limone, cubetti di ghiaccio. Inserire tutti gli ingredienti nel boccale, tranne la scorza di limone: 30sec. da Vel.1 a Turbo. Filtrare in una caraffa, inserire la scorza di limone, cubetti di ghiaccio e servire.

12.4.3.2 Crostini Ai Fegatini Di Pollo

Ingredienti: 600gr. di fegatini di pollo, 80gr. d'olio, 1\4 di cipolla, uno spicchio d'aglio, 1 mis di vino bianco, noce moscata, 1 chiodo di garofano, rosmarino, salvia, alloro, sale, pepe. Inserire nel boccale cipolla, aglio, olio: 3min 100° Vel.4. Aggiungere i fegatini, sale, pepe, noce moscata, rosmarino, salvia, alloro, 1 chiodo di garofano e un misurino di vino bianco: 25min 100° Vel.1 tenendo il misurino inclinato. Omogeneizzare: 20sec. da Vel.1 a Turbo. Spalmare il patè ottenuto su crostini di pane casareccio tostati in forno o sulla piastra.

12.4.3.3 Penne Allo Speck E Noci

Ingredienti: 500gr. penne, 50 burro, 80 speck, 100 gherigli di noci 200gr. panna noce moscata sale q.b. Tritare le noci 8sec. Vel.5 e metterle da parte. Inserire nel boccale 1 litro e mezzo di acqua e sale 12min. 100 Vel.1 (il tempo diminuisce se l'acqua è calda e bolle prima) aggiungere la pasta 12min. 100 Vel.1 a cottura ultimata scolare la pasta e metterla da parte. Inserire nel boccale burro speck tagliato a dadini e un po' di noce moscata 3min. 100 Vel.1 Posizionare la farfalla aggiungere la pasta e la panna 20sec. Vel.1 versare in una zuppiera e cospargere con le noci e servire subito

12.4.3.4 Carre' Di Maiale Al Bimby

Ingredienti: 500gr. di arista di maiale in un pezzo unico, 80gr. di olio d'oliva, 1 mis di vino bianco, 500gr. di latte, 30gr. di farina bianca, 1/2 mis di brandy, 1 cucchiaio di funghi trifolati, 1 foglia di alloro, salvia e rosmarino, sale e pepe q.b. Salare, pepare la carne, e inserirla nel cestello con alloro, salvia e rosmarino. Posizionare il cestello nel boccale, introdurre dal foro del coperchio l'olio, il latte (1 mis), il vino e cuocere 60min 100° Vel.1. Ogni 10min versare 1 mis di latte per 4 volte. A fine cottura togliere la carne, tagliarla a fette e disporla in una teglia da forno. Al sugo rimasto nel boccale aggiungere la farina, il brandy e i funghi: 3min 90° Vel.4. Versare la salsa sulla carne, passare in forno preriscaldato a 150° per 30min.

12.4.3.5 Pure' Di Patate

Ingredienti: 1 kg di patate mondate e a pezzi, 400gr. di latte, 40gr. di burro, parmigiano grattugiato a piacere, sale. Posizionare la farfalla nel boccale e inserire patate e latte e sale: 20min 100° Vel.1. Unire burro e parmigiano: 20sec. Vel.3. NOTE: Se necessario durante la cottura aggiungere un misurino di latte.

12.4.3.6 Crauti E Salsicce

Ingredienti: 6 piccole salsicce, 800gr. di crauti in scatola, 1\4 di cipolla, 1\2 misurino d'olio, un cucchiaio di dado bimby. Mettere le salsicce nel cestello. Inserire nel boccale 1 lt d'acqua, posizionare il cestello e cuocere: 25min 100° Vel.1. Togliere il cestello e tenerlo da parte. Buttare l'acqua di cottura. Introdurre nel boccale cipolla e olio: 3min 100° Vel.4. Aggiungere i crauti lavati e scolati, 2 mis e 1\2 d'acqua, il dado e riposizionare il cestello con le salsicce: 40min 100° Vel.1, tenendo il mis inclinato. A fine cottura disporre in una pirofila i crauti e adagiarvi le salsicce.

12.4.3.7 Polenta

Ingredienti: 500gr. di farina gialla, un cucchiaino d'olio, un cucchiaio raso di sale grosso, 1 lt e 1\2 d'acqua. Inserire nel boccale acqua, sale e olio: 12min 100° Vel.1. Aggiungere dal foro del coperchio con lame in movimento Vel.3, la farina: 40min 100° Vel.3. Posizionare la spatola e quando la polenta si addensa, diminuire la temperatura a 90° e la velocità a 2. Travasare sul tagliere e lasciarla raffreddare. Tagliarla a fette e abbrustolirle al momento di servire.

12.4.3.8 Strudel Di Mele

Ingredienti: l'impasto: 250gr. di farina, 50gr. di burro, un uovo + un tuorlo, un pizzico di sale, 1\2 mis d'acqua. Per il ripieno: 1 kg di mele renette, 20 amaretti sbriciolati, 50gr. di gherigli di noci, 1 mis e 1\2 di zucchero, 1\2 cucchiaino di cannella in polvere, 50gr. di pinoli, 100gr. di uvetta (ammollata per un'ora), 1\2 mis di marsala secco, scorza di limone grattugiata. Inserire nel boccale burro, uova, sale e acqua: 20sec. Vel.4. Aggiungere la farina: 30sec. Vel.6 e 30sec. spiga. Versare la pasta in una terrina e lasciarla riposare un'ora ben coperta. Nel frattempo preparare il ripieno: sbucciare le mele, privarle del torsolo e inserirle nel boccale dal foro del coperchio con lame in movimento Vel.3: 30sec. Vel.3. Travasare in una terrina e aggiungere tutti gli altri ingredienti del ripieno, amalgamando bene. Mettere la pasta sulla spianatoia e stenderla in una sfoglia molto sottile e disporla su un canovaccio infarinato. Inserire nel boccale il burro: 1min 80° Vel.1. Spennellare la sfoglia col burro e ricoprirla col ripieno, lasciando libero un bordo di 3cm. Servendosi del canovaccio arrotolare lo strudel su sé stesso, chiuderlo bene sul bordo e comprimere le estremità. Disporlo sulla piastra del forno imburrata, dandogli la forma di mezzaluna e spennellarlo col rosso d'uovo. Cuocere in forno preriscaldato a 180° per 10min e a 200° per altri 30min. Spolverare con lo zucchero a velo e servire tiepido.

12.5 Menù per le feste

12.5.1 Pranzo Di Natale

(X 12 PERSONE)

12.5.1.1 Christmas Dry

Ingredienti: 200gr. di brandy, 1\2 mis di bitter all'arancia, una bottiglia di champagne. Inserire nel boccale il bitter e il brandy: 20sec. Vel.5. Sistemare in ogni flute una zolletta di zucchero, una prate della mistura del boccale e colmare i bicchieri con lo champagne. Decorare con una scorzetta d'arancia tagliata a spirale. Servire subito.

12.5.1.2 Bocconcini Di Formaggio

Ingredienti: 50gr. di tomino 100gr. di caprino 50gr. di parmigiano grattugiato 25 olive verdi snocciolate qualche goccia di cognac corn flakes pepe q.b. Inserire nel boccale con lame in movimento Vel.3 il tomino: 10sec. Vel.6. Aggiungere gli altri formaggi e il pepe: 20sec. Vel.4 l'impasto dovrà risultare compatto. Toglierlo dal boccale e lasciarlo riposare in frigorifero per qualche ora. Formare delle palline mettendo al centro una oliva. Far rotolare ogni pallina sui corn flakes sbriciolati. Disporre su un piatto da portata e servire con l'aperitivo.

12.5.1.3 Sedani Ripieni

Ingredienti: 200gr. di gorgonzola, 100gr. di burro morbido, 12 coste di sedano, 12 foglie di sedano, 12 gherigli di noci. Per guarnire: ravanelli, foglioline di radicchio rosso, gherigli di noci. Inserire nel boccale burro e gorgonzola: 20sec. Vel.4. Lasciar riposare il composto 15- 20 minuti. Riempire le coste di sedano con la crema di formaggio. Disporle a corona su un piatto da portata, infilare una foglia di sedano su ogni punta, sotto la crema di formaggio. Al centro di ogni costa mettere un gheriglio di noce. Infine decorare il piatto con ravanelli tagliati a forma di fiore e qualche fogliolina di radicchio.

12.5.1.4 Fiori Di Belga Con Mousse Al Prosciutto

Ingredienti: 250gr. di prosciutto cotto a fette, 250gr. di mascarpone, 24 foglie di insalata belga, pepe, Per guarnire: ravanelli e foglioline di insalata verde. Inserire nel boccale il prosciutto: 15sec. Vel.6. Aggiungere mascarpone e pepe: 25sec. Vel.6 spatolando. Versare il composto in una ciotola e lasciarla in frigo qualche ora. Mettere la mousse in una tasca da pa sticcere. Riempire le foglie d'insalata, e adagiarle su un piatto da portata, decorando il centro con foglioline d'insalata verde e qualche ravanello a forma di fiore.

12.5.1.5 Palline Di Ricotta In Brodo

Ingredienti: 400gr. di ricotta, 130gr. di pane secco, 2 uova intere, un ciuffo di prezzemolo, brodo, sale, pepe. Inserire nel boccale il pane: 20sec. Vel.Turbo. Con lame in movimento Vel.6, aggiungere il prezzemolo: 5sec. Vel.6. Unire tutti gli altri **ingredienti:** 30sec. Vel.4. Togliere il composto dal boccale e lasciarlo riposare in frigo 30 minuti. Formare delle piccole palline con le mani unte d'olio e cuocerle in brodo caldo per 5 minuti. Versare in una zuppiera e servire con abbondante parmigiano.

12.5.1.6 Risotto Con Radicchio Di Treviso

Ingredienti: 500gr. di riso, 200gr. di radicchio, 200gr. di panna, 50gr. di pancetta, uno scalogno, 20gr. d'olio, un misurino di vino bianco, un lt d'acqua, un cucchiaio di dado bimby, una noce di burro, parmigiano grattugiato, sale, pepe. Inserire nel boccale lo scalogno: 5sec. Vel.4. Aggiungere la pancetta a dadini e l'olio: 3min 100° Vel.3. Unire il radicchio: 5sec. Vel.4. Posizionare la farfalla, inserire il riso e bagnarlo col vino: 3min 100° Vel.1. Unire acqua e dado: 15min 100° Vel.1. Qualche minuto prima del termine della cottura unire la panna e aggiustare di sale. Versare in una risottiera, mantecare con burro e parmigiano, guarnire con un ciuffetto di radicchio e servire ben caldo.

12.5.1.7 Crepes Di Natale

Ingredienti: una dose di crepes, 350gr. di prosciutto cotto, 200gr. di fontina, una dose di besciamella, 4 cucchiai di passata di pomodoro, una noce di burro, parmigiano grattugiato. Preparare le crepes come da ricetta. Inserire nel boccale il prosciutto: 10sec. Vel.4 e togliere. Senza lavare il boccale preparare la besciamella come da ricetta, versarla in una ciotola e lasciarla intiepidire. Unire metà della besciamella al prosciutto tritato e mescolare bene. Mettere al centro di ogni crepes un cucchiaio del composto e un bastoncino di fontina. Arrotolare le crepes e adagiarle in una pirofila imburrata. Aggiungere alla besciamella rimasta la passata di pomodoro. Versarla sulle crepes, cospargere con fiocchetti di burro e abbondante parmigiano grattugiato. Gratinare in forno preriscaldato a 200° per 20 minuti circa.

12.5.1.8 Fesa Di Tacchino Al Forno

Ingredienti: 1 kg e 1\2 di fesa di tacchino, 150gr. di prosciutto cotto a fette, 2 cipolle o scalogno, 2 mis di vino bianco, 200gr. di panna, 3 foglie d'alloro, un pezzetto di cannella, un cucchiaio di brandy, 80gr. d'olio, sale, pepe. Legare bene la fesa, dandogli una forma arrotondata, salare, pepare e metterla in una teglia da forno, con la cipolla a fettine, alloro, cannella e olio. Avvolgere la fesa con le fette di prosciutto, coprire con carta d'alluminio e passare in forno preriscaldato a 160° per 40 minuti. Bagnare col vino e continuare la cottura per altri 30 minuti a 180°. Togliere la fesa dalla teglia e metterla da parte. Inserire nel boccale il prosciutto e il sughetto rimasto nella teglia, eliminando l'alloro: 20sec. Vel.7. Unire panna e brandy: 5min 90° Vel.1. Quando è fredda tagliare a fettine la fesa, adagiarla in una pirofila, versare sopra la salsina e passare in forno preriscaldato a 180° per 10 minuti.

12.5.1.9 Aspic Di Verdura

Ingredienti: 400gr. di cimette di cavolfiore, 300gr. di carote a dadini, 300gr. di fagiolini teneri, 300gr. di pisellini, 200gr. di peperone rosso a listarelle, 400gr. di patate a pezzetti, 600gr. d'acqua, un mis di succo di limone, 40gr. d'olio, sale. Per la gelatina: 500gr. d'acqua, un dado per gelatina. Preparare la gelatina e lasciarla intiepidire senza che indurisca. Mondare e tagliare le verdure, disporre patate e carote nel cestello, fagiolini e peperoni nel Varoma, cavolfiore e piselli nel vassoio. Inserire nel boccale acqua, sale e posizionare cestello e Varoma: 35min *Varoma* Vel.3. Lasciar raffreddare le verdure. Versare un primo strato di gelatina sul fondo di uno stampo a pareti alte e mettere in frigo a rassodare. Disporre le verdure precedentemente insaporite con olio, sale e limone a strati nello stampo. Versare la gelatina rimasta in modo che ricopra completamente le verdure. Porre in frigo per alcune ore, sformare su un piatto da portata e guarnire con sott'aceti a piacere.

12.5.1.10 Zabaione Allo Spumante

Ingredienti: 2 uova intere e due tuorli, 150gr. di zucchero, 4 mis di spumante. Inserire tutti gli ingredienti nel boccale: 5min 70° Vel.3. Terminata la cottura portare per 10sec. a Vel.6 e versare subito in una salsiera. Servire il panettone o il pandoro con una cucchiaiata di zabaione ancora caldo.

12.5.2 *San Silvestro*

(X 8 PERSONE)

12.5.2.1 Cocktail Di San Silvestro

Ingredienti: 8 mandarini, un'arancia, 1\2 limone, 50gr. di zucchero, alcuni cubetti di ghiaccio, un mis di martini dry, una bottiglia di Pinot Chardonnay ghiacciato Inserire nel boccale gli agrumi sbucciati a vivo e privati dei semi, zucchero, ghiaccio, Martini dry e 3 mis di Pinot: 10sec. Vel.5. Filtrare in una brocca, unire il restante Pinot e servire.

12.5.2.2 Roselline Rustiche

Ingredienti: 350gr. farina, 150gr. latte, 1 cubetto lievito di birra, 3 tuorli, 2 cucchiai di zucchero, 50gr. olio oliva, 1 cucchiaino di sale. Farcitura: 125gr. di burro, 200gr. di speck. Inserire nel boccale zucchero, olio, latte, tuorli, sale e lievito: 10sec. Vel.7 Unire la farina. 30sec. Vel.6 ed 1min. Vel.spiga Togliere l'impasto dal boccale e dividerlo in due parti. Tirare due sfoglie di forma rettangolare. Preparare la farcitura: inserire dal foro del coperchio con lame in movimento Vel.6 lo speck e il burro: 1min. Vel.6. Stendere la crema ottenuta sulle sfoglie, arrotolarle su se stesse e tagliare dei tronchetti larghi duecm. Chiudere la parte inferiore e sistemarli sulla placca del forno, ricoperta da carta forno, distanziati l'uno dall'altro. Lasciare lievitare almeno un'ora e cuocere in forno preriscaldato a 200° per 25min. circa.

12.5.2.3 Mousse Al Salmone

Ingredienti: 200gr. di salmone affumicato, 400gr. di ricotta, 100gr. di panna, 10gr. di colla di pesce, 6\8 foglie di basilico, 50gr. di parmigiano, sale, pepe. Mettere a bagno la colla di pesce in acqua fredda. Inserire nel boccale il parmigiano: 10sec. Turbo. Unire panna, colla di pesce ben strizzata, sale, pepe: 2min 70° Vel.2. Quando il composto sarà freddo aggiungere ricotta e basilico: 10sec. Vel.5. Foderare uno stampo rettangolare con pellicola trasparente, rivestirlo con alcune fette di salmone e sistemarvi metà del composto. Al composto rimasto nel boccale aggiungere il resto del salmone: 20sec. Vel.6. Versarlo nello stampo, livellarlo con un cucchiaio bagnato, ricoprirlo con la pellicola trasparente e lasciarlo in frigo per 3 ore. Sformarlo al momento di andare in tavola e servirlo con fette di salmone affumicato e crostini di pancarrè caldi.

12.5.2.4 Tortino Di Crepes Alla Fonduta

Ingredienti: una dose di crepes. Per farcire: 200gr. di parmigiano grattugiato, 250gr. di panna, 4 uova, 60gr. di burro. Per guarnire fare la fonduta: 200gr. di fontina valdostana, 30gr. di burro, un mis di latte, 2 tuorli, sale, pepe. Preparare 18\20 crepes come da ricetta, utilizzando una padella di 18cm di diametro. Inserire nel boccale uova, panna, sale e pepe: 20sec. Vel.4 e togliere. Ungere una pirofila del diametro di 18cm e alta 10cm. Disporre sul fondo una crepes, cospargerla con un cucchiaio di parmigiano, due cucchiai di composto e qualche fiocchetto di burro. Ricoprire con un'altra crepes e procedere fino ad esaurimento degli ingredienti. Cuocere in forno preriscaldato a 180° per 30 minuti circa. Nel frattempo preparare la fonduta: inserire nel boccale la fontina: 10sec. Vel.4. Aggiungere latte, burro, sale e pepe: 4min 80° Vel.4. Unire con lame in movimento Vel.4 i tuorli: 1min Vel.5. Capovolgere il tortino su un piatto da portata dai bordi un po' alti, ricoprire con la fonduta calda e servire.

12.5.2.5 Risotto Alla Provola E Spumante

Ingredienti: 500gr. di riso, 300gr. di provola dolce, 400gr. di spumante secco, 700gr. d'acqua, un cucchiaio di dado bimby, 250gr. di panna, 100gr. di burro. Inserire nel boccale la provola: 1min Vel.3 e toglierla. Posizionare la farfalla e introdurre metà burro, 200gr. di spumante e il riso: 5min 100° Vel.1. Aggiungere acqua dado e cuocere: 16min 100° Vel.1. Unire il rimanente spumante e la panna: 2min 100° Vel.1. Versare in una risottiera e aggiungere, mescolando, la provola, il rimanente burro e lasciar riposare un minuto prima di servire.

12.5.2.6 Stinco Di Vitello Al Forno

Ingredienti: uno stinco di vitello da 2 kg circa, 2 misurini di vino bianco, 30gr. d'olio, noce moscata, sale, pepe. Lavare e asciugare lo stinco, salare, pepare, ungerlo con l'olio, cospargerlo con noce moscata e irrorarlo col vino bianco. Avvolgerlo in carta da forno e disporlo in una teglia rettangolare. Cuocere in forno preriscaldato a 180° per 2 ore e 1\2 circa. A metà cottura togliere la carta forno e, se necessario, aumentare la temp a 200° perché possa colorire e dorarsi in modo uniforme. Servirlo con la salsina ai peperoni.

12.5.2.7 Salsina Ai Peperoni

Ingredienti: 3 peperoni rossi, una cipolla, una carota, un piccolo pomodoro, un cucchiaio di zucchero, un cucchiaio di aceto, 80gr. d'olio, prezzemolo, sale. Inserire nel boccale tutti gli ingredienti, tranne lo zucchero e l'aceto: 10sec. Vel.4. Cuocere 10min 90° Vel.4. Aggiungere zucchero e aceto: 10sec. Vel.2. Utilizzarla fredda per accompagnare lo stinco.

12.5.2.8 Lenticchie E Cotechino

Ingredienti: un cotechino di 800 g, 750gr. di lenticchie lessate, 80gr. d'olio, uno scalogno, una carota, un gambo di sedano, un cucchiaio di concentrato di pomodoro, un misurino d'acqua, sale, pepe. Mettere il cotechino in una casseruola ovale con acqua fredda e cuocere a fuoco basso. Inserire nel boccale olio, scalogno, carote e sedano: 3min 100° Vel.4. Posizionare la farfalla e introdurre le lenticchie, il concentrato diluito con un misurino d'acqua, sale, pepe e cuocere: 12min 100° Vel.1. Terminata la cottura disporre le lenticchie in un piatto da portata ponendo al centro il cotechino affettato.

12.5.2.9 Tronchetto Di Capodanno

Ingredienti: 100gr. di zucchero, 125gr. di farina, 4 uova, 1\2 bustina di lievito in polvere, scorza gialla di limone. Per la farcitura: 500gr. di latte, 100gr. di zucchero, 50gr. di farina, 3 tuorli, 400gr. di panna, 30gr. di cacao amaro, mandorle e gherigli di noci a piacere. Inserire nel boccale zucchero e scorza di limone: portare lentamente a Vel.Turbo per un minuto. Aggiungere uova e farina: un minuto Vel.5. Unire il lievito: 10sec. Vel.4. Stendere su una placca da forno un foglio di carta forno e versarvi il composto allargandolo fin tanto che copra tutta la superficie. Cuocere in forno preriscaldato a 200° per 10 minuti. Sformare il pan di Spagna, ricoprirlo con un altro foglio di carta forno e arrotolarlo. Mettere nel boccale latte, zucchero, farina e uova: 7min 80° Vel.4. Srotolate il pan di Spagna, togliere il foglio superiore di carta forno e stendervi la crema ancora calda. Arrotolarlo nuovamente, avvolgerlo in carta stagnola e lasciarlo raffreddare. Posizionare la farfalla nel boccale ben freddo e introdurre la panna: 2min Vel.2-3. Mettere la panna in una siringa da pasticcere e decorare il tronchetto ottenuto. Spolverizzare con cacao amaro in polvere e guarnire con mandorle e gherigli di noci.

12.5.3 *Carnevale*

(X 10 PERSONE)

12.5.3.1 Grapes

Ingredienti: un litro di succo d'uva, 3 misurini di grappa, un litro di moscato. Inserire nel boccale il succo d'uva e la grappa: 10sec. Vel.4. Versare in una brocca e aggiungere il moscato ben freddo. Servire in coppe e guarnire con chicchi d'uva.

12.5.3.2 Mezzelune Alle Acciughe

Ingredienti: 300gr. di farina 100gr. di burro morbido 100gr. di acqua 1 uovo origano sale q.b. Per il ripieno: 150gr. di olive nere di Gaeta snocciolate 10 filetti di acciuga 150gr. di scamorza Inserire nel boccale tutti gli ingredienti per l'impasto: 30sec. Vel.6. Avvolgerlo in carta forno e lasciarlo riposare. Inserire nel boccale olive e acciughe: 20sec. Vel.3 e 20sec. Vel.7. Unire la scamorza a pezzi: 10sec. Vel.5. Tirare la sfoglia, spolverizzarla con origano e ricavare utilizzando il misurino tanti dischetti. Spalmare al centro di ogni dischetto un cucchiaino di ripieno, ripiegarli su se stessi e pressare bene i contorni. Cuocere in forno preriscaldato a 180° C per 20min. circa.

12.5.3.3 Farfalle Colorate In Crosta

Ingredienti: una dose di pasta brisé, 500gr. di pasta tipo farfalle colorate, 30gr. di funghi porcini secchi, 200gr. di prosciutto cotto a fette spesse, 100gr. di burro, 200gr. di panna, 400gr. d'acqua, un cucchiaio di dado bimby, 50gr. di farina, un mis di parmigiano grattugiato, 4 tuorli, una scatola di pisellini, 1\2 limone Preparare la pasta brisé e metterla in frigo. Rinvenire i funghi in acqua tiepida. Inserire nel boccale il prosciutto: 10sec. da Vel.1 a Turbo. Unire metà burro: 3min 100° Vel.1. Aggiungere farina, 4 mis d'acqua, dado e panna: 2min 100° Vel.1. Ad apparecchio fermo unire i tuorli e il succo di limone: pochisec. Vel.4. Versare la salsa in una ciotola e tenerne da parte un po' che si utilizzerà per le "polpettine a vapore". Introdurre nel boccale il restante burro e i funghi: 7min 100° Vel.1. Negli ultimi due minuti di cottura, aggiungere la salsa e, ad apparecchio fermo, i piselli. Condire con questo sugo le farfalle cotte al dente. Mentre cuoce la pasta stendere 3\4 della pasta brisé e foderare una teglia del diametro di 26cm. Versare le farfalle nella teglia, ricoprirle col resto della brisé facendola aderire bene ai bordi. Con i ritagli formare delle decorazioni come foglie o roselline. Cuocere in forno preriscaldato a 200° per 20 minuti circa.

12.5.3.4 Sformato Di Tagliolini Al Latte

Ingredienti: 500gr. di farina, 5 uova, un cucchiaio d'olio, 1\2 cucchiaino di zafferano, sale. Per condire: 1 lt e 1\4 di latte, 2 misurini di parmigiano grattugiato, 150gr. di Emmental, 4 uova, 50gr. di burro, sale. Inserire nel boccale farina, uova, olio, zafferano e sale: 20sec. Vel.6 e 30sec. Vel.spiga. Stendere la pasta e fare i tagliolini. Portare ad ebollizione in una pentola il latte con poco sale, versare i tagliolini e cuocerli al dente a fuoco vivo (Sono pronti quando il latte si è assorbito). Mentre cuoce la pasta inserire nel boccale i formaggi: 20sec. a Turbo. Aggiungere le uova: 10sec. Vel.4. Condire i tagliolini col composto ottenuto e il burro. Imburrare uno stampo a ciambella, cospargerlo di pangrattato, adagiarvi i tagliolini e farli gratinare in forno preriscaldato a 200° per 20 minuti.

12.5.3.5 Carre' Di Maiale All'ananas

Ingredienti: un carrè di maiale, un ananas fresco a fette, 80gr. di burro, 80gr. d'olio, 2 cucchiai di pangrattato, erbe aromatiche per arrosto, 1\2 cucchiaino di pepe, sale. Far tagliare il carrè a fette sottili senza però staccarle dall'osso (deve restare un pezzo unico). Inserire nel boccale burro, erbe aromatiche, pepe e pangrattato: 15sec. Vel.4. Disporre in una pirofila antiaderente il maiale, cospargerlo con questa salsa, inserire tra una fetta e l'altra una fetta di ananas, aggiungere l'olio e cuocere in forno preriscaldato a 200° per un'ora fino che si presenta ben dorato. NOTA: durante la cottura, se necessario, aggiungere un po' di succo d'ananas.

12.5.3.6 Polpettine Al Vapore

Ingredienti: 500gr. di carne macinata di vitello, un panino raffermo intriso nel latte, prezzemolo, 1\2 mis di parmigiano grattugiato, 2 uova, sale. Inserire nel boccale tutti gli **ingredienti:** 20sec. Vel.4. Formare delle piccole polpettine e adagiarle nel Varoma. Introdurre nel boccale 1\2 litro d'acqua e 1\2 limone a pezzetti compresa la buccia. Posizionare il Varoma: 20min *Varoma* Vel.3. Adagiare le polpettine su un piatto da portata, coprire con la salsa messa da parte usata per le farfalle colorate. Guarnire con bucce di limone tagliate a fettine sottilissime.

12.5.3.7 Insalata Tre Colori

Ingredienti: radicchio rosso, lattuga, belga o finocchi, vinaigrette: 4 cucchiai d'aceto o succo di limone, un mis d'olio, un cucchiaino di sale, pepe macinato un cucchiaino di senape. Pulire, lavare e preparare l'insalata e disporla in un'insalatiera. Inserire nel boccale aceto, sale, pepe e senape: 20sec. Vel.4. Aggiungere a filo, dal foro del coperchio con lame in movimento Vel.4, l'olio: 20sec. Vel.4. Versare sull'insalata al momento di servire.

12.5.3.8 Arlecchinata Di Castagnole

Ingredienti: 400gr. di farina, 2 uova, 80gr. di zucchero, 30gr. d'olio, 30gr. d'anice, scorza grattugiata di 1\2 limone, 1\2 bustina di lievito in polvere, un pizzico di sale, olio per friggere, zucchero a velo Mettere nel boccale lo zucchero e la buccia di limone: 20sec. Turbo. Aggiungere gli altri **ingredienti:** 40sec. Vel.6. Lasciar riposare l'impasto per 1\2 ora. Ricavare delle palline e friggerle in abbondante olio. Scolarle e cospargerle di zucchero a velo.

12.5.3.9 Arlecchinata Di Frittelle Di Frutta

Ingredienti: 200gr. di farina, 2 uova, 2 cucchiai d'olio, 50gr. di zucchero, scorza grattugiata di un limone, una bustina di vanillina, un pizzico di sale, 2 mis di vino bianco secco, un kg di frutta (mele, pere, pesche, albicocche secche ammollate in acqua tiepida), zucchero a velo, olio per friggere. Mettere nel boccale tutti gli ingredienti eccetto la frutta e gli albumi: 30sec. Vel.6 e far riposare mezz'ora. Tagliare la frutta, montare a neve le chiare d'uovo come da ricetta. Aggiungere delicatamente alla pastella la frutta e gli albumi montati. Friggere a cucchiaiate in abbondante olio. Scolare e cospargere con zucchero a velo.

12.5.3.10 Arlecchinata Di Chiacchiere

Ingredienti: 500gr. di farina, 400gr. di panna liquida, 50gr. di zucchero, un pizzico di sale, olio per friggere, zucchero a velo. Inserire tutti gli ingredienti nel boccale: 20sec. Vel.6 e 30sec. Vel.spiga. Lasciare riposare l'impasto per almeno 1 ora. Tirare una sfoglia piuttosto sottile, tagliarla a strisce, annodarle e friggerle in olio bollente. Scolarle con un mestolo forato e cospargerle con abbondante zucchero a velo.

12.5.3.11 Coppe Di Macedonia In Crema

Ingredienti: Per la crema: 500gr. di latte, 4 tuorli d'uovo, 1\2 mis di fecola, 100gr. di zucchero, una bustina di vanillina. Inserire nel boccale tutti gli ingredienti per la crema: 7min 80° Vel.4 e lasciare intiepidire. Tagliare a dadini la frutta e mescolarla con zucchero e succo di limone. Porre un poco di crema in coppette trasparenti e su questa mettere due cucchiai di macedonia ed ancora la crema. Adornare con una fettina di arancia e mettere in frigo.

12.5.4 Pasqua

(X 6 PERSONE)

12.5.4.1 Lemon Pesca Dry

Ingredienti: una scatola di pesche sciroppate, succo di 1\2 limone, un limone a fettine, un mis di martini rosso, 6 cubetti di ghiaccio Inserire nel boccale il ghiaccio e le pesche sgocciolate: 30sec. Vel.7. Unire lo sciroppo delle pesche, succo di limone e il martini: 20sec. Vel.5. Servire subito in flute, decorati con una fetta di limone.

12.5.4.2 Cestini Variopinti

Ingredienti: 6 pomodori uguali, 160gr. di tonno, 2 tuorli di uova sode, prezzemolo, sale, pepe. Incidere i pomodori da un lato e dall'altro in modo da ottenere la forma di un cestino e salarli. Inserire nel boccale il tonno, i due tuorli, pepe e sale: 10sec. Vel.5. Riempire i pomodori col composto ottenuto e decorare con ciuffi di prezzemolo. Servire disponendoli su un vassoio ricoperto con foglie di lattuga.

12.5.4.3 Barchette A Vela

Ingredienti: 3 limoni, un pacchetto di cracker, 100gr. di prezzemolo, 6 filetti d'acciughe, 80gr. d'olio, 1\2 spicchio d'aglio, mollica di un panino, 2 tuorli di uova sode, 6 olive verdi snocciolate, 2 cucchiai d'aceto, sale, pepe. Preparare le barchette: tagliare i limoni nel senso della lunghezza ed estrarre la polpa, aiutandosi con un cucchiaino, fino ad ottenere la scorza vuota. Inserire nel boccale aceto e mollica: 5sec. Vel.5. Aggiungere tutti gli altri ingredienti tranne l'olio: 5sec. Vel.4. Utilizzare il composto ottenuto per riempire le barchette. Decorare con un cracker, posto a triangolo in modo da formare una vela.

12.5.4.4 Crepes In Salsa Rosa

Ingredienti: una dose di pasta per crepes, una dose di besciamella. Per il sugo: 500gr. di pomodori pelati, 80gr. d'olio, un pizzico di sale. Per il ripieno: 400gr. di spinaci, 2 tuorli, 80gr. di parmigiano, 50gr. di burro, sale, pepe. Preparare le crepes come da ricetta. Preparare la besciamella come da ricetta. Senza lavare il boccale inserire i pomodori: 5sec. Vel.6. Aggiungere olio e sale: 10min 100° Vel.1. Togliere il sugo. Introdurre nel boccale spinaci, burro, sale e pepe: 5min 100° Vel.4. Lasciare intiepidire, aggiungere uova e 50gr. di parmigiano: 10sec. Vel.4 spatolando. Versare su ogni crepes il quantitativo necessario di ripieno, arrotolarle e disporle in una teglia unta di burro. Ricoprirle con la besciamella, il sugo e il parmigiano rimasto. Cuocere in forno preriscaldato a 180° per 20 minuti circa.

12.5.4.5 Agnello Gustoso Con Verdure Al Varoma

Ingredienti: 1 kg di costolette d'agnello, un ciuffo di prezzemolo, 2 spicchi d'aglio, 2 mis di vino bianco, 80gr. d'olio, succo di un limone, un rametto di rosmarino, 3 patate a fette, 4 carciofi a spicchi, 250gr. di piselli, 30gr. di burro, un cucchiaio di prezzemolo tritato, sale, pepe. Mettere a marinare le costolette d'agnello e lasciarle mezz'ora nel vino con uno spicchio d'aglio, un ciuffo di prezzemolo, succo di limone e il rametto di rosmarino. Inserire nel boccale olio e uno spicchio d'aglio: 3min 100° Vel.1. Unire l'agnello con un mis della marinata, sale, pepe e cuocere 40min *Varoma* Vel.1. Dopo 10 minuti posizionare il *varoma* con le verdure precedentemente preparate e i piselli. A fine cottura disporre l'agnello e le verdure in una pirofila, salarle, cospargerle con fiocchetti di burro e prezzemolo tritato. Passare in forno per 15min a 180°.

12.5.4.6 Colomba Pasquale

Ingredienti: 300gr. di farina, 6 uova, 250gr. di zucchero, 80gr. d'olio, una bustina di lievito per dolci, 100gr. di cioccolato fondente, scorza di un limone. Per guarnire: 50gr. di mandorle intere e spellate, 50gr. di mandorle tritate, 100gr. di cioccolato fondente, 30gr. di burro. Inserire nel boccale 100gr. di cioccolato: 20sec. Vel.6 e togliere. Introdurre zucchero, scorza di limone, uova, olio e portare lentamente da Vel.1 a 9 per 50sec. Aggiungere dal foro del coperchio con lame in movimento Vel.7, farina e lievito: 50sec. Vel.7. Imburrare e infarinare uno stampo per colomba, versare l'impasto e distribuire sulla superficie il cioccolato tritato. Cuocere in forno preriscaldato a 180° per 20 minuti e a 200° per altri 15 minuti. Per guarnire: introdurre il burro e il cioccolato e fonderli: 5min 50° Vel.4. A cottura ultimata disporre la colomba su un vassoio, ricoprirla col cioccolato fuso, distribuendolo uniformemente. Guarnire con mandorle tritate e mandorle intere.

12.5.4.7 Uova In Camicia

Ingredienti: 500gr. di panna, 50gr. di zucchero, una scatola di pesche sciroppate. Inserire nel boccale lo zucchero: 20sec. Vel.Turbo. Posizionare la farfalla e aggiungere nel boccale ben freddo la panna: 90sec. Vel.2-3. Mettere 3 cucchiai di panna montata nelle coppette e disporre al centro la pesca sciroppata.

12.6 Menù per un giorno da ricordare

12.6.1 Per Il Compleanno Dei Figli
(X 10 PERSONE)

12.6.1.1 Ape Maia Drink

Ingredienti: 750gr. di yogurt intero freddo, una bottiglia di spumante brut, 1\2 mis di bitter, 2 cucchiai di miele. Inserire nel boccale yogurt, miele, bitter: 20sec. Vel.4. Versare in una caraffa, unire lo spumante ben freddo, mescolare e servire.

12.6.1.2 Pan Brioche

Ingredienti: 100gr. di burro, 100gr. di latte, un cubetto di lievito di birra, 200gr. di farina, 200gr. di semola, 2 patate lesse, 4 uova, 30gr. di zucchero, 10gr. di sale. Inserite nel boccale lievito, latte, zucchero e patate: 5sec. Vel.6. Aggiungete 80gr. di farina: 15sec. Vel.6 e fate lievitare nel boccale per 30min circa. Avviate l'apparecchio a Vel.4 e aggiungete dal foro del coperchio tutti gli altri **ingredienti:** 30sec. Vel.6 e 30sec. Vel.spiga. Versate in uno stampo alto 20cm e largo 18 e lasciate lievitare in un luogo tiepido per un'ora. Cuocete in forno preriscaldato a 200° per 40min circa. Quando è freddo tagliatelo e servite le fette farcite con patè e salse varie.

12.6.1.3 Pate' Di Pollo

Ingredienti: 1 kg di pollo, odori per brodo (carota, prezzemolo, sedano), 3 cucchiai di maionese, 3 foglie di salvia fresca, 6 cetriolini sott'aceto, un cucchiaio di giardiniera. Lessare il pollo con gli odori per il brodo. Privarlo delle ossa e inserire la polpa nel boccale: 40sec. Vel.5. Aggiungere salvia, maionese, cetriolini e giardiniera: 1min dal Vel.1 a Vel.Turbo, spatolando.

12.6.1.4 Quiche Ai Formaggi

Ingredienti: Una dose di pasta brisè, 250gr. prosciutto cotto, 3 uova, 100g groviera, 200g latte, sale e pepe qb. Stendere la pasta brisè e foderare una tortiera di 26cm imburrata. Mettere nel boccale il prosciutto e il formaggio 10" Vel.5 e versare sulla sfoglia. Inserire nel boccale il latte le uova il sale ed il pepe per 15" a Vel.6 e disporre uniformemente sopra al formaggio. Cuocere in forno preriscaldato a 180° per 30'.

12.6.1.5 Rolle' Gratinato

Ingredienti: 300gr. di farina, 3 uova, un cucchiaio d'olio, 2 cucchiai di brandy, una dose di besciamella, 4 tuorli, 400gr. di prosciutto cotto, 900gr. di funghi misti surgelati, burro, parmigiano. Inserire nel boccale gli ingredienti per l'impasto: 30sec. Vel.6 e 30sec. Vel.spiga. Mettere l'impasto su una spianatoia e stenderlo in strisce della lunghezza di 40cm. Lessarle e adagiarle su un canovaccio. Preparare la besciamella come da ricetta e alla fine aggiungere il parmigiano grattugiato: 5sec. Vel.4 e togliere. Senza lavare il boccale introdurre il prosciutto: 5sec. Vel.7 e togliere. Inserire nel boccale funghi, olio, aglio e prezzemolo: 15min 100° Vel.2, scolare il sugo e mettere da parte. Unire ai funghi rimasti nel boccale la besciamella, il prosciutto e i tuorli: 30sec. Vel.2. Stendere sulle sfoglie uno strato sottile di composto. Arrotolare le sfoglie aiutandosi col canovaccio e formare dei rollè. Lasciarli riposare in frigo per 2 ore circa. Tagliare i rollè a fette e disporli in una pirofila imburrata, irrorarli col sughetto dei funghi, cospargerli con ciuffetti di burro e parmigiano grattugiato. Gratinare in forno preriscaldato a 150° per 10min circa. Servire tiepido.

12.6.1.6 Piccoli Messicani

Ingredienti: 800gr. di fettine di vitello tagliate sottilissime (6cm x 4cm), 200gr. di salsiccia fresca spellata, 100gr. di mortadella, , scorza di un limone grattugiato, un tuorlo, noce moscata, 80gr. d'olio, 2 spicchi d'aglio, qualche fogliolina di salvia, 400gr. d'acqua, un cucchiaio di dado bimby, un mis di brandy, 30gr. di farina. Inserire nel boccale mortadella e scorza di limone: 10sec. Vel.6. Unire la salsiccia sbriciolata, il tuorlo e la noce moscata: 30sec. Vel.3. Disporre un cucchiaino di ripieno sulle fettine di vitello, arrotolarle, ungerle e disporle nel varoma. Introdurre nel boccale olio, aglio, salvia: 3min 100° Vel.4. Unire brandy, acqua dado e posizionare il cestello con i messicani: 40min 100° Vel.1. Terminata la cottura disporli su un piatto da portata. Al sugo rimasto nel boccale aggiungere la farina: 2min 90° Vel.2. Ricoprire con la salsina ottenuta i messicani e servirli caldi.

12.6.1.7 Torta Croccante

Ingredienti: 6 uova, 250gr. di farina, 250gr. di zucchero, una bustina di lievito, un pizzico di sale. Per lo zabaione: 500gr. di panna, 200gr. di zucchero, 4 uova intere, 4 tuorli, 2 mis di marsala, 2 mis di vino bianco. Per il croccante: 400gr. di zucchero, 300gr. di mandorle pelate. Per lo sciroppo: 400gr. d'acqua, 200gr. di zucchero, grand marnier o maraschino a piacere. Preparare il pan di spagna inserendo nel boccale zucchero e uova: 40sec. Vel.4. Aggiungere dal foro del coperchio con lame in mov Vel.4, farina, sale e lievito: 40sec. Vel.7. Disporlo in una tortiera imburrata del diametro di 26cm e cuocere in forno preriscaldato: 10min a 160°, 15min a 180° e 15min a 200°. Preparare la panna montata come da ricetta e lo zabaione inserendo nel boccale zucchero, uova, marsala e vino bianco: 40sec. Vel.7 e 7min 70° Vel.4. Versarlo in una ciotola, lasciarlo raffreddare e aggiungere delicatamente i 2\3 della panna montata. Preparare il croccante facendo caramellare in un tegamino antiaderente lo zucchero e le mandorle. Versarlo su un foglio di carta forno e lasciarlo raffreddare. Metterlo a pezzi nel boccale e tritarlo. 20sec. Vel.6. Preparare lo sciroppo inserendo nel boccale acqua e zucchero: 5min 90° Vel.1, metterlo in una ciotola, lasciarlo raffreddare e aggiungere il liquore. Tagliare il pan di Spagna in 3 dischi, inzupparli con lo sciroppo e farcirli con zabaione e croccante. Infine ricoprire con zabaione e qualche fiocchetto di panna. Distribuire il restante croccante e lasciare in frigo fino al momento di servire.

12.6.2 *Per Il Nostro Compleanno*

(X 12 PERSONE)
APERITIVO AL LIMONCELLO **Ingredienti:** 6 limoni pelati a vivo; 100gr. zucchero; 4 misurini Limoncello (liquore); 1 misurino Gin; 1 lt. acqua; 12 cubetti ghiaccio. Inserire nel boccale lo zucchero: 30sec. Vel.Turbo. Aggiungere i limoni e l'acqua: 15sec. Vel.Turbo. Filtrare e mettere in una caraffa. Aggiungere i liquori, i cubetti di ghiaccio e servire.

12.6.2.1 Roselline In Pasta Brise'

Ingredienti: Una dose di pasta brisé. Per il ripieno: 100gr. di prosciutto crudo, 100gr. di parmigiano. Preparare la pasta brisé e metterla in frigo per mezz'ora. Inserire nel boccale prosciutto e formaggio e tritare grossolanamente: 10sec. Vel.5. Dividere la pasta in due parti. Stenderne una parte ricavandone una sfoglia quadrata dello spessore di 1\2cm. Farcirla con metà del ripieno, pressarlo con le mani, arrotolarlo e tagliare tronchetti lunghi 3cm circa. Prendere ogni tronchetto, chiuderlo da una parte e aprire a fiore i lembi esterni della parte superiore. Disporre le roselline ottenute sulla placca del forno unta. Ripetere lo stesso procedimento per l'altra metà della pasta. Infornare a 180° per 20 m.

12.6.2.2 Raviole'

Ingredienti: per l'impasto: 300gr. di farina, 50gr. di burro morbido, 100gr. di ricotta, un cucchiaino di lievito in polvere per pizza, 1\2 mis di vino bianco, sale Per il ripieno: 100gr. di funghi misti surgelati, 100gr. di parmigiano. Mettere tutti gli ingredienti dell'impasto nel boccale: 30sec. Vel.6. Togliere l'impasto che deve risultare morbido ed elastico. Inserire nel boccale formaggio e funghi e tritare grossolanamente: 15sec. Vel.4. Mettere l'impasto su una spianatoia e stenderlo in una sfoglia di 1\2cm. Con uno stampino ricavare dei dischetti smerlati di 3cm di diametro. Mettere su ogni dischetto un cucchiaino di ripieno, ripiegarlo a raviolo e chiuderlo ai bordi. Spennellare i raviolè ottenuti con un uovo sbattuto, appoggiarli su una teglia foderata con carta forno e cuocere in forno preriscaldato a 200° per 15min.

12.6.2.3 Pane Al Sesamo

Ingredienti: 700gr. di farina, 20gr. di semi di sesamo, un cubetto di lievito di birra, 4 mis d'acqua, 30gr. d'olio d'oliva, un pizzico di zucchero, sale. Inserire nel boccale olio, acqua, sale e zucchero: 1min 40° Vel.1. Aggiungere il lievito: 5sec. Vel.7. Unire la farina: 30sec. Vel.6 e 2min Vel.spiga. Mettere l'impasto in una ciotola, coprirlo e lasciarlo lievitare mezz'ora. Formare con l'impasto varie forme di pane, cospargerle con i semi di sesamo e disporle sulla placca del forno. Coprirle con un telo e lasciar lievitare in un luogo tiepido per mezz'ora. Cuocere il pane in forno preriscaldato a 200° per 20min circa.

12.6.2.4 Crema Di Carciofi

Ingredienti: 500gr. di cuori di carciofo surgelati, 1\2 cipolla, 20gr. d'olio d'oliva, 200gr. di latte, 500gr. d'acqua, un cucchiaio di dado bimby, un mis di parmigiano, uno spicchio d'aglio, un mis di farina, 200gr. di panna, 30gr. di burro. Inserire nel boccale cipolla, aglio, olio: 10sec. Vel.6. Cuocere 3min 100° Vel.3. Aggiungere i cuori di carciofo, latte, acqua, dado e farina: 30sec. portando lentamente da Vel.1 a Vel.9. Cuocere: 14min 100° Vel.4. Unire panna, parmigiano e burro: 4min 90° Vel.4. Versare in una zuppiera e servire con crostini di pane messi al forno o saltati in padella con pochissimo burro.

12.6.2.5 Cesto Di Tortellini Primavera

Per il cesto: doppia dose di pasta brisé (vedere ricetta). Per la pasta dei tortellini: 400gr. Di farina, 4 uova (da 60gr.). Per il ripieno: 450gr. di lombo di maiale , 100gr. di mortadella, 100gr. gambuccio di prosciutto crudo, 150gr. di parmigiano grattugiato, 30gr. di olio di oliva, 1 mis.di vino bianco, noce moscata a piacere sale
q. b. Per il sugo: 100gr. di pancetta dolce, 100gr. di pancetta affumicata, 1 spicchio di cipolla, 350gr. di pisellini primavera surgelati, 30gr. di olio di oliva, ½ mis. di vino bianco secco , 1 mis. di acqua, 1 cucchiaino di dado Bimby. **Per il cesto:** preparare la pasta brisé come da ricetta e lasciarla in frigorifero per almeno mezz'ora. Stenderla con il mattarello, imburrare uno stampo pertimballi con il bordo alto 10-12cm. E foderarlo interamente con la pasta. Posare all'interno un altro stampo imburrato esternamente, di misura leggermente inferiore; questo consentirà alla pasta di rimanere aderente alle pareti del primo stampo mentre cuoce Cuocere in forno preriscaldato a 200°C per 30 minuti A cottura ultimata sfornare, capovolgere e staccare delicatamente lo stampo esterno dalla pasta. Lasciare raffreddare il cesto così capovolto. Quando sarà freddo togliere anche lo stampo interno e mettere il cesto così ottenuto su un piatto da portata. **Esecuzione dei tortellini e del ripieno:** Inserire nel boccale uova e farina: 20sec. Vel.5 e 30sec. Vel.Spiga. Togliere l'impasto e lasciarlo riposare 15 minuti avvolto in un canovaccio. Far arrostire a fuoco vivace in una casseruola la carne con l'olio per 10 minuti. Aggiungere il vino e lasciare cuocere per altri 30 minuti. A fine cottura sgrassarla lasciarla intiepidire e tagliarla a pezzi Inserire nel boccale la carne: 30sec. Da Vel.5 a Vel.8 e versare il trito in una grande terrina. Introdurre nel boccale mortadella e prosciutto a tocchi: 30sec. Da Vel.5 a Vel.8 e unire alla carne. Aggiungere il parmigiano, aggiustare di sale e amalgamare bene tutti gli ingredienti. Mettere la pasta su una spianatoia e stendere una sfoglia sottile. Ritagliare dei quadratini di 4cm. Di lato, distribuire su ognuno un cucchiaino di ripieno e formare i tortellini. Esecuzione del sugo: Inserire nel boccale pancetta e cipolla: 20sec. Vel.6 Unire l'olio: 4min. 100°C Vel.3. Posizionare la farfalla e aggiungere piselli, vino, acqua e dado: 15min. 100°C Vel.1. A fine cottura tenere da parte un poco di sugo per farcire i nidi di purè. Mentre cuoce il sugo cuocete anche i tortellini al dente. Scolateli, versateli in una ciotola, conditeli con il sugo e teneteli in caldo. Al momento di servirli disporli nel cesto di pasta brisé.

12.6.2.6 Cosciotto Di Tacchino All'agro

Ingredienti: 2 kg di cosciotto di tacchino, una cipolla, 2 mis di vino bianco secco, un mis brandy, 80gr. d'olio, 30gr. di burro, sale, pepe. Per la salsa: uno spicchio d'aglio, un rametto di rosmarino fresco, 10 gherigli di noci, una cipolla, un mis di succo di limone, un pizzico di peperoncino, 150gr. d'olio, sale Disporre in una teglia da forno uno strato di cipolla a fette, bagnarle con l'olio e adagiarvi il cosciotto. Salare, pepare, irrorare con brandy e fiocchetti di burro. Cuocere in forno preriscaldato a 180° per 30 minuti. Aggiungere il vino e lasciar cuocere ancora un'ora a 200°. Inserire nel boccale con lame in movimento Vel.6, aglio, rosmarino e noci: 20sec. Vel.6. Riunire gli ingredienti con la spatola, aggiungere cipolla, succo di limone, peperoncino, olio e sale: 20sec. Vel.6. Metterla in una salsiera e lasciarla riposare per 2 ore. Disporre il cosciotto su un piatto da portata, guarnire con fettine di limone e servire con la salsina all'agro.

12.6.2.7 Nidi Di Pure'

Ingredienti: 800gr. di patate, mondate e tagliate a pezzi, 200gr. di latte, 40gr. di burro, 50gr. di parmigiano grattugiato, 3 sottilette, 3 tuorli d'uovo, pisellini al sugo (vedi ricetta CESTO DI TORTELLINI PRIMAVERA: sugo), sale. Inserire nel boccale patate, latte e sale: 18min 100° Vel.1. A cottura ultimata aggiungere burro, parmigiano, uova e mantecare: 20sec. Vel.4 spatolando. Disporre in una pirofila imburrata dei mucchietti di purè, fare un piccolo incavo al centro e mettere un cucchiaio di pisellini al sugo. Gratinare in forno preriscaldato a 180° per 10min. A cottura ultimata ricoprire ogni nido di purè con un quadratino di sottiletta. Servire tiepido.

12.6.2.8 Torta Glasse' All'arancia

Ingredienti: Per la torta: succo di 3 grosse arance, scorzetta di 3 arance, private completamente della prate bianca, 300gr. di zucchero, 250gr. di burro morbido, 400gr. di farina, una bustina di lievito per dolci, 6 uova intere, un pizzico di sale. Per la glassa: 400gr. di zucchero, un mis di succo d'arancia rossa. Inserire nel boccale zucchero e scorze d'arance: 20sec. Vel.9. Aggiungere il burro: 15sec. Vel.5. Unire uova, farina, sale, succo d'arancia: 30sec. Vel.6. Aggiungere il lievito: 10sec. Vel.4. Versare l'impasto in una teglia unta e infarinata di 26cm di diametro. Cuocere in forno preriscaldato a 180° per 20min e a 200° per 10min. Terminata la cottura sformare su un piatto. Inserire nel boccale lo zucchero: 50sec. Vel.Turbo. Unire il succo d'arancia: unmin Vel.7. Versare la glassa ottenuta in modo uniforme sulla torta ancora calda. Guarnire con fiori di zucchero o ciuffetti di panna o fettine d'arancia.

12.6.2.9 Sorbetto Blu Di Curacao

Ingredienti: 800gr. d'acqua, 400gr. di zucchero, 3 mis di succo di limone, Curacao q.b. Mettere nel boccale acqua e zucchero: 4min 50° Vel.3. Lasciare raffreddare e unire il succo di limone: 10sec. Vel.4. Versare in un contenitore di stagnola largo e basso, e mettere nel congelatore per diverse ore. Al momento di servire dividerlo a tocchetti, metterli nel boccale e mantecare: 40sec. Vel.6 spatolando e 30sec. Vel.9. Preparare nei flut un cucchiaio di curacao e aggiungere il sorbetto. Servire guarnendo con mezza fetta di limone sul bordo dei flut.

12.6.2.10 Caffe' Irlandese Al Cioccolato

Ingredienti: un mis e 1\2 di caffè solubile, un mis e 1\2 di zucchero, un mis e 1\2 di whisky, 4 mis e 1\2 di latte scremato, 100gr. di cioccolato fondente a pezzi. Mettere tutti gli ingredienti nel boccale: 7min 70° Vel.4. Servire ben caldo.

12.6.3 Per Un Giorno Importante

(X 14-15 PERSONE)

12.6.3.1 Drink Al Pompelmo

Ingredienti: 3 pompelmi rosa, un lime o un limone, 70gr. di zucchero, una bottiglia d'acqua tonica (750 gr), una bottiglia di Chardonnay. Pelare al vivo i pompelmi e metà di un limone, lasciando la buccia all'altra metà, e inserire tutto nel boccale con lo zucchero: 15sec. Vel.4. Aggiungere acqua tonica e Chardonnay: 5sec. Vel.3. Lasciare insaporire per almeno un minuto, filtrare in una caraffa e servire.

12.6.3.2 Spuma Di Salmone

Ingredienti: 100gr. di salmone affumicato, una scatola di salmone al naturale, 200gr. di panna, un dado di gelatina, 300gr. d'acqua, un cucchiaio di succo di limone, sale. Mettere nel boccale acqua e gelatina: 6min 100° Vel.2. Aggiungere panna, succo di limone, sale e salmoni: 15sec. Vel.4 e 15sec. Vel.8. Versare in uno stampo a forma di pesce o rettangolare, lasciare raffreddare e riporre in frigo per alcune ore.

12.6.3.3 Rolle' Di Pollo

Ingredienti: 500gr. di petto di pollo, 200gr. di burro, una carota, una cipollina, una gamba di sedano, 60gr. di parmigiano grattugiato, 40gr. di brandy, una manciata di pistacchi leggermente tostati, 200gr. di panna, 200gr. di prosciutto crudo, foglie di lattuga. Inserire nel boccale 20gr. di burro e programmare la cottura: 30min 100° Vel.1. Dopo 1min aggiungere la cipolla tagliata in 4 parti e soffriggere: 2min a Vel.1. Unire le verdure e la carne a pezzettoni e terminare la cottura. Alla fine tritare il tutto: 20sec. Vel.5 e 20sec. Vel.8. Lasciare intiepidire ed aggiungere il restante burro, la panna, il brandy e amalgamare: 15sec. Vel.4. Aggiungere i pistacchi: 4sec. Vel.2. Disporre su un foglio di carta forno le fette di prosciutto leggermente sovrapposte e stendervi in modo uniforme il composto. Arrotolare le fette di prosciutto col composto, formando un salame e avvolgerlo nella carta forno. Lasciare in frigorifero per almeno un giorno. Servire il rollè tagliato a fettine disposte su un letto di lattuga e accompagnato da pane tostato.

12.6.3.4 Tagliatelle Gratinate

Ingredienti: 800gr. di tagliatelle all'uovo. Per il sugo: 200gr. di prosciutto cotto in due fette, 200gr. di piselli o punte di asparagi, 60gr. di burro, una cipollina, sugo d'arrosto q.b. Per la salsa: 100gr. di sbrinz o parmigiano grattugiato, 3 uova, 3 cucchiaini di senape, succo di un limone, 200gr. di ricotta, 60gr. d'olio, sale, pepe. Inserire nel boccale burro e cipolla: 3min 100° Vel.4. Unire piselli o asparagi: 10min 100° Vel.1. Trascorsi 5min aggiungere il prosciutto a listarelle e lasciarlo insaporire, unire il sugo d'arrosto e terminata la cottura, versare il sugo in una ciotola e mettere da parte. Cuocete le tagliatelle al dente. Nel frattempo posizionare la farfalla nel boccale e montare a neve gli albumi: 2min 40° Vel.3 e mettere da parte. Senza lavare il boccale inserire la ricotta, tuorli, limone, senape, olio, sale, pepe: 1min Vel.3. Aggiungere formaggio e albumi: 10sec. Vel.1. Condire col sugo le tagliatelle, disporle in una pirofila da forno e cospargerle con la salsa. Gratinare in forno preriscaldato a 200° per 10 minuti circa.

12.6.3.5 Crepes Delicate

Ingredienti: una dose di pasta per crepes, 300gr. di piselli, 2 carote, 2 zucchine, 2 mozzarelle di bufala, 200gr. di sbrinz o parmigiano grattugiati, 40gr. di burro. Preparare le crepes come da ricetta. Inserire nel boccale le mozzarelle a pezzetti: 5sec. Vel.3 e metterle nel cestello per eliminare il siero. Tagliare a dadini le verdure e disporle nel Varoma. Inserire un lt d'acqua nel boccale, , posizionare il *Varoma* e cuocere: 20min *Varoma* Vel.1. Terminata la cottura togliere l'acqua dal boccale e inserire il burro: 2min 100° Vel.1. Aggiungere la cipolla: 4min 100° Vel.4. Unire le verdure cotte al Varoma: unmin Vel.1. Versare il tutto in una ciotola, lasciar raffreddare e aggiungere la mozzarella e parte del formaggio grattugiato. Farcire le crepes col ripieno e piegarle in 4 a forma di ventaglio. Adagiarle in una pirofila da forno imburrata, cospargerle col restante formaggio, burro a fiocchetti e cuocere in forno preriscaldato a 180° per 20 minuti.

12.6.3.6 Carre' In Crosta Con Salsa Castelmagno

Ingredienti: 2 kg di lonza di maiale, latte q.b. bacche di ginepro, 2 cucchiai d'aceto balsamico, 50gr. d'olio, pepe bianco, salvia, rosmarino, sale. Per la crosta: 300gr. di pane raffermo, 3 albumi, 200gr. di latte, erbe di provenza, sale. Mettere la lonza in una terrina, ricoprirla col latte, aggiungere le bacche di ginepro e pepe e lasciar marinare per almeno 10 ore, girandola una volta. Toglierla, asciugarla con un canovaccio e metterla in una casseruola a rosolare con olio a fuoco vivace; bagnare con un mis di latte e aceto, unire salvia, rosmarino e sale. Coprire bene con la stagnola e cuocere in forno preriscaldato a 180\200° per 1 ora e 30min. Terminata la cottura avvolgere la carne nella stagnola, chiudere bene e lasciare raffreddare. Il sughetto potrà servire per le tagliatelle della precedente ricetta. Per la crosta: inserire nel boccale il pane raffermo: 30sec. Vcl.8. Aggiungere le erbe, gli albumi, il latte, il sale: unmin Vel.4. Versare il composto su un foglio di carta forno unto d'olio, coprire con un altro foglio unto per poter stendere il composto prima con le mani, poi col mattarello fino a formare un rettangolo che contenga la carne. Togliere il primo foglio di carta forno, adagiare la carne senza stagnola, farla rotolare e avvolgerla col composto, aiutandosi col foglio di carta sottostante. Sempre aiutandosi con la carta forno adagiare delicatamente il rotolo in una pirofila imburrata. Spennellare con un uovo sbattuto e mettere in forno preriscaldato a 200° per 20 minuti finché la crosta risulti dorata.

12.6.3.7 Salsa Castelmagno

Ingredienti: 200gr. di formaggio Castelmagno o groviera, 200gr. di panna, 100gr. di burro morbido, un cucchiaio di prezzemolo tritato, sale, pepe. Inserire nel boccale il formaggio: 10sec. Vel.4 e aggiungere il burro: 4min 80° Vel.2. Unire panna, prezzemolo, sale, pepe: 3min 80° Vel.2. Versare nella salsiera e servirla caldissima con l'arrosto in crosta.

12.6.3.8 Verdure Gratinate

Ingredienti: 300gr. finocchi, 200gr. carote, 200gr. zucchine, 100gr. cipolle, 200gr. cimette di cavolfiore Per gratinare: 150g pane raffermo, 1/2 spicchio d'aglio, 1 rametto di rosmarino, 5 foglie di salvia, 1 ciuffo di prezzemolo, 30gr. burro sale q.b. Pulire, lavare e tagliare a spicchi le verdure e disporle nel *Varoma* Inserire 1 lt d'acqua nel boccale 30min temp *Varoma* Vel.1. A cottura terminata disporre le verdure in una pirofila imburrata. Tritare il pane con gli aromi 30sec. Vel.9. Cospargere le verdure con il trito, alcuni fiocchetti di burro e gratinare in forno preriscaldato a 180° per 20min circa.

12.6.3.9 Torta Fiorita

Ingredienti: un pan di spagna come da ricetta. Per farcire: 3 uova, 100gr. mandorle pelate leggermente tostate, 150gr. di zucchero, 700gr. di latte, 50gr. di farina, scorza di 1 limone. Per guarnire: 50gr. di zucchero a velo, 800gr. di panna, 5 o 6 gocce di colore rosso per dolci, confettini rosa o fiorellini di zucchero. Preparare un pan di Spagna. Inserire nel boccale le mandorle e la scorza di limone 10sec. Vel.7. Unire latte, farina, zucchero e uova 10min. 80° C Vel.4, versare in una ciotola e lasciare raffreddare. Tagliare il pan di Spagna orizzontalmente formare due dischi, farcire il primo con metà della crema, ricomporre la torta e ricoprirla con la restante crema. Preparare la panna montata aggiungendo a piacere alcune gocce di colorante. Ricoprire tutta la torta e decorare con confettini fiorellini di zucchero a propria fantasia.

12.6.3.10 Spiedini Alla Frutta

Ingredienti: un ananas non troppo maturo, uva bianca, uva nera, banane, kiwi, fragole, limone. Per la crema: 600gr. di latte, 150gr. di zucchero, 3 tuorli, 50gr. di burro, 30gr. di farina, una bustina di vanillina. Lavare la frutta, tagliarla a cubetti, metterla in una ciotola e cospargerla con succo di limone. Inserire nel boccale tutti gli altri ingredienti per la salsa: 10min 80° Vel.4. Versarla in una salsiera e lasciarla intiepidire. Infilzare la frutta in stecchi per spiedini alternando i colori e servirli accompagnati dalla crema.

12.6.3.11 Sorbetto Al Moscato

Ingredienti: 500gr. d'acqua, 400gr. di zucchero, 500gr. di vino moscato, 100gr. di succo di limone. Inserire nel boccale acqua e zucchero: 10min 90° Vel.1 e lasciare intiepidire. Aggiungere vino e succo di limone: 4sec. Vel.1. Versare in un contenitore largo e basso o nelle vaschette del ghiaccio e mettere nel congelatore per alcune ore. Al momento di servire inserire nel boccale il composto ghiacciato a pezzi e mantecarlo: 1min Vel.3. Servire subito.

12.6.4 A Lume Di Candela

(X 2 PERSONE)

12.6.4.1 Intermezzo D'amore

Ingredienti: un pompelmo rosa, 1\2 finocchio, 5 cubetti di ghiaccio, 1\2 lattina d'acqua tonica, 2 mis di vodka. Spremere il pompelmo e inserire il succo nel boccale col finocchio a pezzi, il ghiaccio, l'acqua tonica e portare lentamente a Vel.8 per 40sec. Aggiungere la vodka: 10sec. Vel.3 e filtrare. Versarlo in flut guarniti con la buccia di pompelmo a ricciolo e servirlo ghiacciato.

12.6.4.2 Avocados Ai Gamberetti

Ingredienti: 2 avocados, un cucchiaio d'aceto, 30gr. d'olio, succo di 1\2 limone, un cucchiaino di worcester sauce, 150gr. di panna, sale, pepe, 150gr. di gamberetti lessati per guarnire. Tagliare a metà gli avocados, privarli del nocciolo e togliere la polpa, conservando intatte le scorze. Posizionare la farfalla nel boccale ben freddo e inserire la panna: 50sec. Vel.2-3 e togliere. Introdurre la polpa degli avocados nel boccale: 20sec. Vel.5. Unire tutti gli altri **ingredienti:** 30sec. Vel.4. Mettere il composto in una ciotola e incorporare delicatamente la panna montata. Riempire col composto gli avocados, guarnire con i gamberetti e conservare in frigo fino al momento di servire.

12.6.4.3 Palline Al Pistacchio

Ingredienti: 2 grosse patate pelate e tagliate a pezzi, una manciata di prezzemolo, un cucchiaio di capperi, 2 filetti d'acciuga, 50gr. di prosciutto cotto, 30gr. di parmigiano grattugiato, 100gr. di latte, 200gr. di pistacchi sgusciati, sale, pepe. Inserire nel boccale i pistacchi: 30sec. Vel.5 e toglierli. Introdurre il prosciutto: 30sec. Vel.5 e togliere. Inserire dal foro del coperchio con lame in movimento Vel.6 il prezzemolo, i capperi e le acciughe: 20sec. Vel.6 e togliere. Senza lavare il boccale introdurre patate, latte, sale e pepe: 10min 90° Vel.3. Quando le patate saranno tiepide unire il composto di prezzemolo, il prosciutto e il parmigiano: 15sec. Vel.6 spatolando fino ad ottenere un composto compatto ed omogeneo. Toglierlo e metterlo in frigo per 1 ora. Formare delle palline, passarle nel trito di pistacchi e disporle su un piatto da portata.

12.6.4.4 Vellutata Di Sedano Con Coda Di Rospo

Ingredienti: 120gr. di sedano, 1\2 cipollina, 50gr. d'olio, 30gr. di farina, 200gr. di bocconcini di coda di rospo, 1\2 scalogno, sale, pepe, timo, 4 mis di fumetto di pesce (ottenuto facendo bollire 10min in 1\2 lt d'acqua salata un pezzettino di carota, sedano, cipolla, 1\2 mis di vino bianco, pepe e la testa della coda di rospo. Filtrare il fumetto prima di utilizzarlo) Introdurre nel boccale lo scalogno con 30gr. d'olio: 3min 100° Vel.3. Posizionare la farfalla, introdurre i bocconcini di pesce, sale, pepe, timo: 3min 100° Vel.1 senza misurino. Toglierli e metterli in una piccola ciotola. Inserire nel boccale la cipollina con 20gr. d'olio: 3min 90° Vel.4. Unire il sedano: 10sec. Vel.5. Aggiungere farina e fumetto di pesce: 10min 100° Vel.4 e contemporaneamente posizionare il *Varoma* con la ciotola contenente i bocconcini di pesce, per tenerli al caldo. A fine cottura amalgamare portando lentamente da Vel.1 a Turbo per 30sec. Togliere il varoma, versare la vellutata in una zuppiera e aggiungere i bocconcini di pesce. Servirla accompagnata da crostini a piacere.

12.6.4.5 Crespelle Allo Storione

Ingredienti: 1\2 dose di crepes, 200gr. di panna, 150gr. di storione fresco, 1\2 zucchina, 1\2 porro, un albume, un cucchiaio d'olio, burro q.b. sale, pepe. Preparare le crepes come da ricetta. Inserire nel boccale porro e zucchina: 10sec. da Vel.1 a 6. Aggiungere sale, pepe, un cucchiaio d'olio e un cucchiaio d'acqua: 6min 100° Vel.1. A fine cottura unire lo storione, 50gr. di panna, l'albume, sale, pepe: 40sec. Vel.7. Spalmare il ripieno sulle crespelle, arrotolarle, tagliarle a fettine larghe 3cm, disporle in una pirofila imburrata, irrorare con 150gr. di panna e passarle in forno a gratinare per 20min a200°.

12.6.4.6 Branzino Al Cartoccio Con Asparagi

Ingredienti: 2 branzini puliti e lavati, olio, sale, pepe, salvia q.b. 10 punte d'asparagi Per la salsa: succo di 1 limone, 2 cucchiai di acqua, 30gr. di olio d'oliva, sale, pepe, origano, rosmarino q.b. Preparare 2 cartocci con la stagnola, disporvi i branzini, spennellati con olio, pepe, sale e alcune foglie di salvia, chiudere i cartocci e sistemarli nel Varoma. Inserire nel boccale 500gr. di acqua salata e posizionare il *Varoma* 25min temp *Varoma* Vel.4. Dopo 10min unire le punte d'asparagi nel Varoma. A cottura ultimata sistemare i branzini in un piatto da portata con le punte di asparagi e preparare la salsa al limone, inserendo nel boccale tutti gli ingredienti 40sec. Vel.4. Versare la salsina sui branzini e gli asparagi e servire.

12.6.4.7 Cuori Di Panna

Ingredienti: 250gr. di ricotta romana, 200gr. di panna, 100gr. di latte, 60gr. di zucchero a velo, 2 uova, 10gr. di colla di pesce. Per la salsa: 250gr. di fragoloni, 100gr. di zucchero, succo di 1\2 limone. Mettere a bagno in acqua fredda la colla di pesce. Posizionare la farfalla nel boccale ben freddo e inserire la panna: 45sec. Vel.2-3 e togliere. Inserire gli albumi: 90sec. 40° Vel.2-3 e togliere. Introdurre il latte, i tuorli e lo zucchero: 3min 80° Vel.1. Unire la colla di pesce ben strizzata: 20sec. Vel.5. Quando il composto sarà tiepido aggiungere la ricotta: 20sec. Vel.4. Versare il composto in una ciotola, incorporare delicatamente gli albumi a neve e la panna montata. Rivestire 4 stampini a forma di cuore con pellicola trasparente, versarvi il composto e lasciare in frigo per almeno 12 ore. Preparare la salsa inserendo nel boccale fragole, limone e zucchero: 4min 80° Vel.4. Sformare i cuori in un piatto da portata disponendoli a forma di fiore, guarnirli con la salsa e i fragoloni a spicchi.

12.7 Menù colorati

12.7.1 *Fantasia In Rosso*

(X 6 PERSONE)

12.7.1.1 Aperitivo Alle Fragole

Ingredienti: 10 fragoloni, 20 cubetti di ghiaccio, 150gr. di zucchero, 1 mis di vodka, 200gr. d'acqua, succo di un limone. Inserire nel boccale zucchero e fragole: 10sec. Vel.9. Aggiungere il ghiaccio: 5sec. Vel.7. Unire limone, vodka e acqua: 20sec. Vel.Turbo. Lasciare riposare, filtrare in una caraffa e servire.

12.7.1.2 Bruschette Al Pomodoro

Ingredienti: 12 fette di pane casareccio abbrustolito, 6 pomodori maturi, 3 spicchi d'aglio, 50gr. d'olio, peperoncino, prezzemolo, sale. Inserire nel boccale con lame in movimento Vel.4, aglio e prezzemolo: 20sec. da Vel.4 a Vel.9. Unire i pomodori pelati, privati dei semi e sgocciolati: 5sec. Vel.3 (deve rimanere a pezzetti). Aggiungere olio e sale: 5sec. Vel.1. Mettere un cucchiaio del composto su ogni bruschetta e servire freddo.

12.7.1.3 Spaghetti Ai Peperoni Rossi

Ingredienti: 500gr. di spaghetti, 2 grossi peperoni rossi, una grossa cipolla, 400gr. di polpa di pomodoro, peperoncino e sale q.b. 50gr. di ricotta salata grattugiata. Affettate la cipolla e inserirla nel boccale con olio: 3min 100° Vel.1. Aggiungere i peperoni a fettine sottili, la polpa di pomodoro, sale e peperoncino: 15min 100° Vel.1 e mettere da parte. Senza lavare il boccale introdurre 1 lt e 1\2 d'acqua e sale: 10min 100° Vel.1. Inserire gli spaghetti e cuocerli al dente. A fine cottura scolare la pasta, versarla in una zuppiera, condirla con il sugo e servirla cosparsa di ricotta salata.

12.7.1.4 Merluzzo In Salsa Corallo Con Peperoni

Ingredienti: 600gr. di filetti di merluzzo, 50gr. d'olio, 100gr. di olive verdi snocciolate, 20gr. di capperi, 20gr. di pinoli, 20gr. d'uvetta, 300gr. di passata di pomodoro, 200gr. d'acqua, una cipolla, sale. Per farcire i peperoni: 4 peperoni rossi lavati e svuotati, 2 panini raffermi, una cipolla, 100gr. di olive verdi snocciolate, 100gr. di pinoli, 50gr. di uvetta, 100gr. di caciocavallo fresco, 200gr. di pomodoro a pezzi, 50gr. d'olio, sale, pepe Inserire nel boccale il pane raffermo: 20sec. Vel.6 e tostarlo: 3min 100° Vel.1 e mettere da parte. Introdurre la cipolla: 3min 100° Vel.3. Unire pomodori a pezzi, olive, pinoli, capperi, uva, caciocavallo a pezzi, olio, pane tostato, sale, pepe e amalgamare bene: 1min Vel.2 spatolando. Riempire i peperoni col composto e disporli nel Varoma. Disporre verticalmente i filetti di merluzzo nel cestello alternandoli a olive, capperi, uva passa, pinoli e sale. Inserire nel boccale la cipolla: 10sec. Vel.4 e 3min 100° Vel.1. Aggiungere la passata di pomodoro, acqua e sale. Posizionare il cestello: 30min *varoma* Vel.3. Dopo 5min posizionare il *varoma* e continuare la cottura. A fine cottura mettere i peperoni in una pirofila e gratinarli in forno preriscaldato a 200° per 10 minuti. Disporre i filetti di merluzzo su un piatto da portata, ricoprirli con la salsa corallo e contornarli con i peperoni.

12.7.1.5 Spezzatino Ai Peperoni

Ingredienti: 500gr. di spezzatino di vitello, 50gr. d'olio, una cipolla, un mis di vino bianco, 100gr. di polpa di pomodoro, un peperone rosso a listarelle, sale, pepe. Inserire nel boccale olio e cipolla: 3min 100° Vel.4. Posizionare la farfalla, infarinare i bocconcini e metterli nel boccale col vino: 30min 100° Vel.1. Dopo 5min aggiungere pomodori, peperoni, sale, pepe e continuare la cottura tenendo il misurino inclinato. Disporre i bocconcini al centro di un piatto da portata contornati dai peperoni e coperti dal sugo.

12.7.1.6 Perfetto Alle Fragole

Ingredienti: 400gr. di fragoloni maturi, 100gr. di fragoline di bosco, 6 uova, 200gr. di zucchero, 300gr. di panna, 150gr. d'acqua, sale. Inserire nel boccale ben freddo la panna e montarla: 90sec. Vel.2-3 e metterla da parte. Separare i tuorli dagli albumi. Inserire nel boccale 3 albumi e montarli a neve: 50sec. 40° Vel.2-3 e mettere da parte. Introdurre i tuorli, acqua, zucchero e sale: 5min 80° Vel.4. Unire i fragoloni: 1min portando lentamente da Vel.4 a Turbo. Versare il composto in una terrina e quando è freddo aggiungere delicatamente gli albumi a neve e la panna montata. Riempire col composto uno stampo per dolci imburrato e congelare per almeno 6 ore. Al momento di servire capovolgere su un piatto da portata e appoggiare sulla forma un panno caldo per far staccare il perfetto. Decorare con le fragoline precedentemente condite con un liquore a piacere.

12.7.1.7 Sorbetto Di Anguria

Ingredienti: 700gr. di anguria sbucciata, 100gr. di zucchero, whisky a piacere. Privare dei semi l'anguria, tagliarla a tocchetti e porla in congelatore per alcune ore. Inserire nel boccale lo zucchero: 20sec. Vel.Turbo. Unire whisky e l'anguria congelata: 40sec. Vel.4 e 40sec. Vel.9 spatolando. Servire subito in coppette aggiungendo altro whisky a piacere.

12.7.2 Fantasia In Giallo
(X 6 PERSONE)

12.7.2.1 Yellow Paradise

Ingredienti: 300gr. di succo d'arancia, 300gr. di succo d'ananas, 100gr. di sambuca, 100gr. di gin, 14 cubetti di ghiaccio. Inserire nel boccale tutti gli ingredienti, tranne il ghiaccio: 30sec. Vel.3. Versare in una brocca, unire i cubetti di ghiaccio e servire.

12.7.2.2 Nidi Alla Spuma Di Tonno

Ingredienti: 160gr. di tonno sott'olio, 200gr. di philadelphia, una spruzzata di limone, una bustina di zafferano, 8 fette di pancarrè, 100gr. di mascarpone, 6 uova sode. Inserire nel boccale tonno, philadelphia e zafferano: 15sec. Vel.6 e 20sec. Vel.Turbo aggiungendo la spruzzata di limone. Togliere il composto dal boccale, metterlo in una ciotola e porlo in frigo. Ritagliare dal pancarrè delle sagome a forma di fiore, spalmare con mascarpone e disporre al centro mezzo tuorlo d'uovo sodo. Mettere il composto in una siringa da pasticcere e decorare a piacere le tartine. Sbriciolare i tuorli d'uovo sodo restanti e cospargere le tartine.

12.7.2.3 Fiori Di Zucca Ripieni

Ingredienti: 30 fiori di zucca, 400gr. di patate pelate, 150gr. di latte, 80gr. di parmigiano grattugiato, un cucchiaio di prezzemolo tritato, 1\2 spicchio d'aglio, pangrattato, sale, pepe. Tagliare a tocchetti le patate, metterle nel boccale col latte, sale e pepe: 15min 100° Vel.1. Unire prezzemolo tritato, aglio e parmigiano grattato: 10sec. Vel.4. Riempire i fiori di zucca con l'impasto, passarli nell'uovo battuto e pangrattato e friggerli. Servire caldi.

12.7.2.4 Chifferini Alla Crema Di Zucca

Ingredienti: 500gr. di zucca a pezzi, 300gr. di pasta corta tipo chifferini, 150gr. di ricotta, un lt d'acqua, un mis di panna, una bustina di zafferano, sale, pepe Inserire nel boccale acqua, sale, zucca e zafferano: 10min 100° Vel.1. Unire la pasta e cuocere per il tempo necessario a 100° Vel.1. Scolare la pasta e la zucca e metterle in un piatto da portata con un po' d'acqua di cottura. Unire ricotta, panna, pepe e noce moscata e amalgamare delicatamente.

12.7.2.5 Riso Al Curry Con Gamberi

Ingredienti: 450gr. di riso, 300gr. di gamberi sgusciati e alcuni col guscio per guarnire, 900gr. d'acqua, un cucchiaio di dado bimby, una piccola cipolla o scalogno, 40gr. d'olio, 30gr. di burro, un mis di vino bianco secco, 50gr. di panna, un cucchiaino colmo di curry, sale, pepe. Inserire nel boccale cipolla e olio: 3min 100° Vel.4. Aggiungere i gamberi, un pizzico di sale e pepe: 2min 100° Vel.1 e travasare in una ciotola. Posizionare la farfalla, unire il riso e il vino: 2min 100° Vel.1. Unire acqua, dado e sale: 14min 100° Vel.1. 5 minuti prima del termine della cottura unire gamberi, curry, panna e burro. Versare in una risottiera e guarnire con i gamberi col guscio.

12.7.2.6 Bocconcini Di Pollo All'ananas

ingredienti: 700gr. petto di pollo tagliato a pezzi, 1 carota piccola, 1\2 cipolla, 200gr. di acqua calda, 1 cucchiaino di dado Bimby, 250gr. di ananas in scatola, 1 bustina di zafferano, 1 cucchiaio di farina, olio, sale, pepe. Inserisci nel boccale cipolla, carota, e olio: 3min 100° Vel.4. Posizionare la farfalla e unisci il pollo: 2min. 100° Vel.1. Aggiungi acqua e dado: 30min 100° Vel.1. 10min. prima della fine della cottura aggiungi farina, zafferano, sale e pepe. A fine cottura unire metà dell'ananas a pezzi: 5sec. Vel.1. Versare su un piatto da portata, decorare col restante ananas e servire.

12.7.2.7 Torta Mimosa

Ingredienti: un pan di Spagna come da ricetta, una dose di crema pasticcera come da ricetta, una scatola di ananas da 500 g, 500gr. di panna montata come da ricetta. Preparare il pan di spagna. Preparare la crema pasticcera e travasarla in una ciotola per lasciarla intiepidire. Tagliare a metà il pan di Spagna e formare due dischi. Disporre un disco sul piatto da portata, inzupparlo col succo d'ananas e ricoprirlo con la crema pasticcera. Disporre l'ananas a pezzetti su di essa e ricoprire tutto con la panna montata. Privare della crosta l'altra metà del pan di Spagna e inserire nel boccale la mollica: 2sec. Vel.3. Cospargere col trito la panna montata disposta sulla torta. Servire subito

12.7.2.8 Gelo Di Limone

Ingredienti: 500gr. di succo di limone, 500gr. d'acqua, 400gr. di zucchero, 35gr. di colla di pesce. Inserire nel boccale acqua e zucchero: 2min 100° Vel.1. Unire la colla di pesce ammollata in acqua fredda e ben strizzata: 20sec. Vel.1. Togliere e far raffreddare. Unire il succo di limone, filtrare e mettere in uno stampo o in singoli stampini. Riporre in frigo per almeno 6 ore, prima di servire.

12.7.3 *Fantasia In Bianco*

(X 6 PERSONE)

12.7.3.1 Gin Fizz

Ingredienti: un mis di succo di limone, 4 mis di gin, un cucchiaio di zucchero, acqua tonica a piacere, 7\8 cubetti di ghiaccio Mettere tutti gli ingredienti nel boccale tranne il ghiaccio: 30sec. Vel.9. Versare in una caraffa, unire il ghiaccio e servire.

12.7.3.2 Scagliette Di Parmigiano Reggiano E Tartufi

Preparare in un piatto da portata scagliette di parmigiano e tartufo. Condire con olio, sale, pepe a piacere.

12.7.3.3 Crostini Alla Crema Di Formaggio

Ingredienti: 150gr. di formaggio caprino, 150gr. di gruviera, 50gr. di gorgonzola dolce, 50gr. di parmigiano grattugiato, 50gr. di mandorle pelate per decorare, 12 fette di pancarrè Preparare le fette di pancarrè tagliate a triangolo e fatele tostare in forno preriscaldato a 160° per 5 minuti. Inserire nel boccale tutti i formaggi: 20sec. Vel.5 e 10sec. Vel.9. Spalmare le fette di pane col composto e decorare con le mandorle.

12.7.3.4 Vellutata Di Patate

Ingredienti: 500gr. di patate pelate, 60gr. di burro, 40gr. di parmigiano grattugiato, 150gr. di panna, 30gr. di farina, 3 porri, 800gr. d'acqua, un cucchiaio di dado bimby, noce moscata, sale, pepe, prezzemolo Inserire nel boccale burro e porri: 3min 100° Vel.4. Aggiungere la farina e le patate a tocchi: 30sec. da Vel.1 a Turbo, lentamente. Unire acqua, dado, noce moscata, sale e pepe: 30min 100° Vel.4. A fine cottura aggiungere la panna: 5sec. Vel.4. Versare in una zuppiera, guarnire con ciuffetti di prezzemolo e servire cosparso di parmigiano.

12.7.3.5 Risottino Bianco Al Tartufo

Ingredienti: 500gr. di riso, 1\2 cipollina, 50gr. di burro, un mis di vino bianco, 1 lt e 100 di acqua, un cucchiaio di dado bimby, 50gr. di parmigiano grattugiato, scagliette di tartufo, sale Inserire nel boccale 20gr. di burro e cipolla: 3min 100° Vel.4. Posizionare la farfalla e aggiungere riso e vino: 3min 100° Vel.1. Aggiungere acqua dado e sale: 14min 100° Vel.1. Versare in una risottiera, mantecare col restante burro e parmigiano, cospargere con scaglie di tartufo. Lasciare riposare qualche minuto prima di servire.

12.7.3.6 Sogliole In Crema Con Finocchi Al Burro

Ingredienti: 1 kg di filetti di sogliole, un cucchiaio di brandy, succo di un limone, un cucchiaio di aceto bianco, 150gr. di burro, 250gr. di mascarpone, 600gr. di finocchi mondati e a spicchi, 50gr. di parmigiano grattugiato, 500gr. d'acqua, sale, pepe. Inserire nel boccale acqua, sale e aceto. Posizionare il cestello con i finocchi: 20min *varoma* Vel.4. Dopo 10min posizionare il *varoma* con le sogliole. Terminata la cottura su un piatto da portata a forma di pesce, sistemare le sogliole e lasciare da parte il cestello con i finocchi. Togliere l'acqua dal boccale e inserire 70gr. di burro, mascarpone, brandy, limone, sale e pepe: 10sec. Vel.2 e 10sec. Vel.4. Ricoprire le sogliole con la salsa. Posizionare la farfalla nel boccale e introdurre il restante burro: 10min 90° Vel.1. Aggiungere i finocchi e insaporirli: 10min 90° Vel.2. Aggiustare di sale e pepe, disporli su un piatto e servirli cosparsi di parmigiano.

12.7.3.7 Mousse Di Mele

Ingredienti: 600gr. di mele sbucciate, 3 albumi, 250gr. di zucchero, una bustina di vanillina, succo di un limone, 300gr. di panna montata. Posizionare la farfalla nel boccale e inserire albumi e vanillina: 3min 40° Vel.2-3 e mettere da parte. Introdurre le mele a pezzi, succo di limone e zucchero: 5min 80° Vel.4. A fine cottura portare lentamente la velocità da 1 a Turbo. Mettere il composto in una ciotola e quando sarà freddo aggiungere delicatamente gli albumi a neve. Versare la mousse in coppette e guarnire con la panna montata.

12.7.3.8 Budino Al Cocco

Ingredienti: Polpa di una noce di cocco (lavata, raschiata e asciugata), 3 uova intere, un tuorlo, 150gr. di zucchero, 250gr. di panna, 250gr. di latte, 60gr. di farina, una bustina di vanillina, 2 cucchiai di rhum. Inserire nel boccale la noce di cocco a pezzi: 20sec. da Vel.1 a Turbo e mettere da parte. Introdurre uova e zucchero: 20sec. Vel.3. Aggiungere farina, panna, latte e vanillina: 10min 80° Vel.4. A metà cottura unire dal foro del coperchio 3\4 del cocco grattugiato e il rhum. A fine cottura frullare: 10sec. da Vel.4 a Vel.9 lentamente. Versare in uno stampo da budino precedentemente imburrato e porlo in frigo per almeno 3 ore. Sformarlo su un piatto per dolci, spolverizzare col restante cocco grattugiato e servire.

Siamo Arrivati Alla Conclusione

Ci Complimentiamo Con Te Per Aver Scelto Questo Libretto !

Sei Rimasto Soddisfatto ? Allora Ti invitiamo a Lasciare

Un FeedBack Positivo a 5 Stelle !

Grazie Di Cuore :)

All rights reserved - The following Book is reproduced below with the goal of providing information that is as accurate and reliable as possible. Regardless, purchasing this Book can be seen as consent to the fact that both the publisher and the author of this book are in no way experts on the topics discussed within and that any recommendations or suggestions that are made herein are for entertainment purposes only. Professionals should be consulted as needed prior to undertaking any of the action endorsed herein.

This declaration is deemed fair and valid by both the American Bar Association and the Committee of Publishers Association and is legally binding throughout the United States. The information in the following pages is broadly considered a truthful and accurate account of facts and as such, any inattention, use, or misuse of the information in question by the reader will render any resulting actions solely under their purview. There are no scenarios in which the publisher or the original author of this work can be in any fashion deemed liable for any hardship or damages that may befall them after undertaking information described herein.

Additionally, the information in the following pages is intended only for informational purposes and should thus be thought of as universal. As befitting its nature, it is presented without assurance regarding its prolonged validity or interim quality. Trademarks that are mentioned are done without written consent and can in no way be considered an endorsement from the trademark holder.

DISCLAIMER

ALL RIGHTS RESERVED. This book contains material protected under International and Federal Copyright Laws and Treaties. Any unauthorized reprint or use of this material is prohibited. No part of this book may be reproduced or transmitted in any form or by any means, electronic or mechanical, including photocopying, recording, or by any information storage and retrieval system without express written permission from the author/publisher.

The author is not a licensed practitioner, physician, or medical professional and offers no medical diagnoses, treatments, suggestions, or counseling. The information presented herein has not been evaluated by the U.S. Food and Drug Administration, and it is not intended to diagnose, treat, cure, or prevent any disease. Full medical clearance from a licensed physician should be obtained before beginning or modifying any diet, exercise, or lifestyle program, and physicians should be informed of all nutritional changes.

The author/owner claims no responsibility to any person or entity for any liability, loss, or damage caused or alleged to be caused directly or indirectly as a result of the use, application, or interpretation of the information presented herein.

CPSIA information can be obtained
at www.ICGtesting.com
Printed in the USA
LVHW060917110621
689237LV00040B/885